UNE HISTOIRE DES QUÉBÉCOISES EN PHOTOS

Direction artistique : Gianni Caccia
Direction de la production : Carole Ouimet
Infographie et traitement des photos : Bruno Lamoureux
Recherche iconographique : Michèle Garceau

Crédits photographiques
Première de couverture : Madame Blanche Savard (debout au centre, rangée du haut), le personnage principal de ce groupe de femmes photographié le 5 septembre 1930, est l'épouse de Monsieur Pierre Vézina, le frère du fameux hockeyeur Georges Vézina qui a joué pour les Canadiens de Montréal de 1911 à 1925. Elle est également la sœur de Mgr Félix-Antoine Savard. [Photo : © Bibliothèque et Archives nationales du Québec/La Société d'archives Sagamie inc./ Fonds Joseph-Eudore Lemay (cote P90/68503) ; version colorisée].

Quatrième de couverture : Une immigrante écossaise et ses enfants à son arrivée au port de Québec, vers 1910 [Photo : © Bibliothèque et Archives Canada/William James Topley (cote PA-010151)].

Première page de garde : Enfant de Docteur et Madame Paradis [Photo : © Musée du Bas-Saint-Laurent, Rivière-du-Loup/Fonds Ulric Lavoie (cote NAC l12233f)].

Dernière page de garde : Femmes, hommes et enfants assis sur les marches d'un escalier de la rue Du Domaine, à Rivière-du-Loup [Photo : © Musée du Bas-Saint-Laurent/Fonds Jean-Baptiste Dupuis (cote NAC jbd306)].

Catalogage avant publication de Bibliothèque et Archives nationales du Québec et Bibliothèque et Archives Canada

Bizier, Hélène-Andrée

Une histoire des Québécoises en photos

ISBN 978-2-7621-2792-8

1. Femmes – Québec (Province) – Histoire.
2. Femmes – Québec (Province) – Mœurs et coutumes.
3. Femmes – Québec (Province) – Histoire – Ouvrages illustrés.   I. Titre.

HQ1459.Q8B59 2007   305.409714   C2007-941353-6

Dépôt légal : 4e trimestre 2007
Bibliothèque et Archives nationales du Québec
© Éditions Fides, 2007

Les Éditions Fides reconnaissent l'aide financière du Gouvernement du Canada par l'entremise du Programme d'aide au développement de l'industrie de l'édition (PADIÉ) pour leurs activités d'édition.
Les Éditions Fides remercient de leur soutien financier le Conseil des Arts du Canada et la Société de développement des entreprises culturelles du Québec (SODEC).
Les Éditions Fides bénéficient du Programme de crédit d'impôt pour l'édition de livres du Gouvernement du Québec, géré par la SODEC.

IMPRIMÉ AU CANADA EN OCTOBRE 2007

HÉLÈNE-ANDRÉE BIZIER

UNE HISTOIRE DES QUÉBÉCOISES
EN PHOTOS

Fides

Avant-propos

Lorsque j'ai commencé mes recherches pour *Une histoire du Québec en photos*, j'étais loin de soupçonner l'ampleur du chantier qui s'ouvrait à moi. J'ai cependant vite mesuré à quel point les travaux menés par de nouvelles générations d'historiens, au cours des trente dernières années, avaient renouvelé en profondeur notre approche du passé. Et j'en ai profité amplement pour traduire en images les principales facettes de cette histoire.

Une histoire du Québec en photos paraissait aux Éditions Fides en octobre 2006. Le succès a été immédiat et il ne s'est pas démenti depuis. Ce qui est sans doute révélateur de l'intérêt renouvelé des Québécois pour leur histoire à partir du moment où elle n'est plus une succession désincarnée de dates, de noms et d'événements politiques. Cette histoire fait désormais une très large place à la vie quotidienne et met en scène des hommes et des femmes, illustres ou anonymes, mais en chair et en os.

Ce sont ces hommes et ces femmes que donnait à voir *Une histoire du Québec en photos*, suivant un découpage chronologique. Il s'agissait de déblayer le terrain, de poser des jalons, et de dégager les grandes périodes depuis l'invention de la photographie, notre fil conducteur.

Dans cette *Histoire des Québécoises en photos*, j'ai adopté tout naturellement une approche thématique. Ce n'est pas à travers la chronologie du siècle qui s'est terminé autour de la Révolution tranquille qu'on découvrira ici les Québécoises, mais plutôt en suivant les grandes étapes de la vie. Dans un premier chapitre, on prend la mesure de leur diversité : des femmes formidables, entêtées, fortes, certaines instruites, d'autres non, certaines financièrement à l'aise, d'autres rivalisant d'ingéniosité pour survivre, toutes belles, chacune à sa façon.

Ainsi on les voit venir au monde et faire leurs premiers pas de petites filles dans le deuxième chapitre; dans le troisième, on les voit dans le cadre familial où elles apprennent à imiter les mères. Et c'est encore ce modèle qui les inspire quand on les découvre au chapitre suivant, résolues à grandir dans l'effort, à prendre des responsabilités, à survivre aux maladies. Suivent les années d'apprentissage au cours desquelles elles fréquentent la garderie, la petite école ou le couvent. Ces années, qui sont aussi celles d'une certaine insouciance, sont bientôt éclipsées par l'obligation de choisir une voie. Se marier jeune ou travailler juste un peu? Travailler toute sa vie par obligation ou pour se réaliser autrement? Dans le cinquième chapitre, les Québécoises travaillent. Leurs horizons, fonctions et emplois les appellent à soigner, à instruire ou à devenir secrétaires, ouvrières... ou soldates. D'autres, tant d'autres, se sont mariées. Voici les femmes qui se font belles pour être aimées, fiancées et épousées. Elles vont puiser leur joie de vivre dans leur vie de couple, dans leur vie de famille ainsi que dans toutes les corvées ou activités ludiques qui jalonnent leur existence. Au dernier chapitre, on découvre les Québécoises préparant la place aux nouvelles générations dans un monde qu'elles ont, parfois à leur insu, contribué à créer.

Une histoire des Québécoises en photos existe parce que mon éditeur, Antoine Del Busso, a cru à ce livre comme au précédent et qu'il a confié à une formidable équipe la tâche de mettre ce thème en valeur. Un merci tout particulier à Gianni Caccia pour l'émouvant traitement de cette matière.

Hélène-Andrée Bizier
Août 2007

Les femmes qu'on aime

La beauté des femmes est un attribut que la publicité utilise pour mousser diverses causes et produits. Ici, en 1944, des jeunes femmes, dans un geste conforme aux activités domestiques, miment l'action de polir la cloche de la locomotive à vapeur 6060 du Canadien National qui vient d'être assemblée à la Canada's Montreal Locomotive Works.

Sept filles naissent dans la famille de Marie-Louise Globenski et d'Alexandre Lacoste qui comptera 13 enfants. Élevées à Montréal, dans un milieu qui favorise le développement de leur personnalité, cinq d'entre elles vont profiter du vent de liberté qui souffle à l'approche du XXe siècle pour faire leur marque. Thaïs (Lacoste-Frémont), Marie (Lacoste-Gérin-Lajoie) et Jeanne (Lacoste Duchastel de Montrouge) militeront en faveur des droits civiques des femmes ; Justine (Lacoste-Beaubien) fondera l'hôpital Sainte-Justine et Berthe (Lacoste-Dansereau) lancera une entreprise montréalaise originale pour son temps : Dansereau Traiteur. Jeanne Lacoste épousera l'homme politique et juge Auguste-Maurice Tessier.

Vers la fin du siècle dernier, la société canadienne-française s'interroge sur la tournure inattendue que l'avenir de la femme semble vouloir prendre. L'idole de tous les temps au Québec est alors la mère de famille nombreuse, auteure de la revanche des berceaux et, par conséquent, Mère de la Nation. Pendant que nombre de jeunes Canadiennes françaises s'apprêtent à marcher dans les pas de ce modèle d'énergie, de fertilité et d'abnégation, d'autres s'y refusent. Parmi celles-ci, des jeunes filles éduquées par des parents soucieux de les voir s'épanouir, ainsi que les Canadiennes d'origine britannique, ces dernières n'ayant d'ailleurs jamais cru qu'il était de leur devoir de se reproduire à la douzaine.

Des indices montraient qu'on était à la croisée des chemins. La fréquentation des petites écoles, couvents et pensionnats augmentait et, fréquemment, les universités rappelaient aux jeunes filles qu'elles n'y avaient pas leur place. Leurs protestations provoquaient un petit bruit passager et on ne savait même pas que certaines quittaient le Québec pour aller étudier ailleurs. Au tournant du XXe siècle, les adolescentes et les femmes occupant un emploi subalterne représentaient presque quinze pour cent de la main-d'œuvre québécoise et la cause de cette masse de sans-voix était portée par d'autres, justement celles que leur naissance avait favorisées.

Marie Poulin de Saint-Georges de Beauce, photographiée dans le studio d'un photographe vers 1900. Depuis plus d'une décennie déjà, le métier de photographe professionnel est une réalité dans de nombreux villages du Québec où les sujets de prédilection seront les enfants, les fiancés, les mariés, les familles et les jeunes femmes.

Lisse et monochrome, l'image de la Canadienne française se fissura sur le monde du travail et sur la promesse de liberté qu'il véhiculait. Pour endiguer ce courant qui gonflait comme le filet d'eau qui devient fleuve, des hommes et des femmes montèrent au créneau, moins pour défendre la Mère de la Nation que pour lutter contre sa fille et les comparer. L'inimaginable s'accomplissait : la Canadienne française devenait un sujet. On invita le genre féminin à se liguer contre la femme en émergence, un être hybride, c'est-à-dire masculinisé car assoiffé de pouvoir, réclamant le droit de s'instruire, de voter, de danser, de porter le pantalon et de pratiquer des sports. On publia des ouvrages, des essais, des nouvelles, quelques romans et d'innombrables articles. Dans ces pages, ces discours et ces sermons, on analysa publiquement ses défauts et sa piètre intelligence. Les seules à trouver grâce devant la critique furent encore les mères de familles nombreuses, les sœurs de charité, les gardes-malades et les veuves, toutes vouées au bénévolat, au don de soi et au travail non rémunéré.

Pendant le demi-siècle qui suivit, la Canadienne française s'affirma. Sur les sentiers de la politique, de l'éducation, de la famille et de l'égalité des droits, elle tomba et se releva cent fois. Sa cause n'étant pas individuelle, ses combats comme ses victoires furent également ceux des Canadiennes anglaises ainsi que des étrangères établies à Montréal, à Québec, mais également en Abitibi, en Mauricie, en Beauce et ailleurs au Québec. Ces appuis et l'apprivoisement puis l'intégration de valeurs communes ont engendré un être unique : la Québécoise qui vient d'entrer dans le XXIe siècle en empruntant une voie tracée par d'autres pendant quelques centaines d'années. ◉

En 1890, on flâne devant le stand de vente des cigares au parc Sohmer créé et inauguré l'année précédente à Montréal par le musicien Ernest Lavigne. L'élégance des Montréalaises s'y confirme brillamment !

Vive la Canadienne !

Vers 1880, pour ne pas devoir entonner le *God Save the Queen*, l'hymne britannique, ou même *La Marseillaise*, le Canada français adopte son premier hymne national. Créé à partir de quelques chansons du terroir français, il prend un titre franchement inspiré par l'œuvre de Claude-Joseph Rouget de Lisle : *Vive la Canadienne !* Sauf que l'œuvre n'est pas, comme *La Marseillaise*, un appel aux armes, mais plutôt un hommage à la Canadienne et à ses jolis yeux doux, doux, doux. Une femme vers laquelle le cœur vole, vole, vole. Une femme qui est rude à la tâche avec laquelle, bien sûr, on ne court pas le guilledou, dou, dou…

La formation des couventines, au XIXe siècle, les prépare à la vie conjugale, à la maternité et à l'éducation des enfants auxquels elles transmettront les valeurs acquises auprès des religieuses et de leur famille.

Au début du siècle, le Canada recherche principalement des immigrants anglo-saxons ainsi que du centre et du nord de l'Europe. Ici, vers 1910, une Écossaise et de jeunes enfants en transit dans le port de Québec.

Vers 1905, Rivière-du-Loup pavoise aux couleurs du pape et de la France qu'on déploie à la Fête-Dieu. Une jeune fille endimanchée prend la pose sur le trottoir de bois, devant la boutique du marchand de tabac et photographe J.-Adélard Boucher, le long d'une rue Lafontaine encore en friche.

Fermières aux pâturages en 1925, sur les hauteurs de Saint-Alphonse-Rodriguez, dans la région de Lanaudière.

La colonisation du Nord québécois par les chômeurs, au début des années 1930, suscite un intérêt soudain pour les mœurs des populations algonquines du lac Abitibi. Certains, épousant les principes des colonisateurs de la Nouvelle-France, voudront, via l'éducation et la sédentarisation, intégrer les autochtones à la population blanche qui s'implante sur le territoire ancestral.

Collier de perles et bain de mer dans le fleuve Saint-Laurent, à la hauteur de Rivière-du-Loup, vers 1920. La pudeur exige encore des femmes qu'elles se baignent en étant presque entièrement vêtues.

Ouananiche géante aux mains d'une experte qui initiera la plus jeune à l'art de cuisiner ce mythique saumon du Saguenay-Lac-Saint-Jean photographié ici vers 1925.

Allongée sur la grève et emmitouflée dans son manteau garni de renard argenté, une amie sourit à la photographe Aline Cloutier qui la met en scène devant les voiliers des pêcheurs de la région de Rivière-du-Loup.

En 1936, trois ans après la fondation de Sainte-Anne-de-Roquemaure, ces trois jeunes pionnières n'ont renoncé ni à leur charme ni à leur élégance. Provoquée par le krach économique de 1929, la migration des chômeurs vers l'Abitibi a propulsé ces jeunes filles et leur famille dans un univers où la société se résume à une douzaine de petits clans dont la survie reposera longtemps sur l'entraide.

Marie-Anne Lemieux, de La Pocatière, se taille une réputation de femme d'action non pas sous son nom propre, mais sous celui de son mari. Croquée en 1937, dans l'opérette *La fête des petites lanternes*, madame Charles Gagné fonde, en 1941, la fédération des Appalaches des Cercles des fermières qui regroupe alors 53 cercles de la région de la Côte-du-Sud. Toujours sous son nom de femme mariée, cette célèbre fermière a publié *Le pain chez soi, 70 recettes* et *Recettes typiques de la Côte-du-Sud*.

En 1937, trois ans après la fondation du village de Preissac, en Abitibi, le gouvernement du Québec y ouvre un dispensaire. Recrutée pour diriger cette infirmerie et pour parcourir les rangs afin d'y soigner les malades, Marie-Éva Côté sera en poste de 1937 à 1943.

Paule Cloutier au cours de l'été 1939, lors des vacances estivales à Ville-Marie au Témiscamingue où elle est née 20 ans plus tôt. Fascinée par la langue comme par la littérature jeunesse, Paule Cloutier sera connue des jeunes lecteurs sous le nom de Paule Daveluy, patronyme de son mari André.

D'origine belge, le mouvement de la Jeunesse ouvrière catholique est lancé au Québec en 1932. Hommes et femmes sont réunis sous deux bannières distinctes, la JOCM et la JOCF. Comme leurs confrères, les ouvrières ayant adhéré au mouvement sont invitées à faire prévaloir les valeurs chrétiennes dans leur milieu de travail et en société. Leur devise : « Pour elles, par elles et entre elles ».

Au milieu des années 1940, les tendances fascinent ceux et celles qui se libèrent de préjugés voulant que l'intérêt pour la mode soit suspect. Ici, chaussures plates en caoutchouc pour la plage ; cotonnade cousue main et une bouteille de cola. La pause qui rafraîchit ! À cette époque, les deux grandes marques américaines se disputent l'exclusivité du marché des régions du Québec où leur boisson surclasse les eaux gazeuses locales et les eaux artisanales aux saveurs de fruits.

Réunies dans un champ de la région montréalaise, couvertes de voiles transparents parsemés d'étoiles, des danseuses du Thumbs Up Ballet dans *Stars in my Eyes* présenté en 1943.

Artistes du Café Saint-Michel, en 1950. C'est dans ce cabaret en vogue que le jazzman montréalais Oliver Jones fit ses débuts à l'âge de 9 ans.

En 1943, pause thé pour les contremaîtres et les employées de l'atelier de chaussures pour enfants La Parisette, à Montréal.

Groupe de jeunes filles affectées à la livraison des messages télégraphiques de la compagnie de chemin de fer Canadien National, en 1942. Leur circuit se limitait au quartier des affaires alors concentré dans le Vieux-Montréal actuel.

Nageuses au bain Morgan, dans le quartier Hochelaga, vers 1960.

Sally Parker en survêtement et d'autres membres du club de plongée de Val d'Or, au mois de juin 1970.

Nageuses montréalaises à la piscine du YMCA de Montréal, en 1940.

Châteaux de sable au parc-nature du Cap-Saint-Jacques à Pierrefonds, sur l'île de Montréal.

Yvonne Fluet et son cousin Raymond Nadeau en visite au Brooklyn Botanic Garden, en 1945. Dans la tradition d'un mouvement migratoire qui a conduit certains de ses oncles à trouver fortune aux États-Unis, 5 de ses 10 frères et sœurs s'établiront dans les États de New York, du New Jersey et du Connecticut.

Une ouvrière de la Montreal Cotton de Valleyfield, peu avant la grève de 100 jours qui débute au mois de juin 1946.

Cueillette de petits fruits dans la région de Québec, en 1957. À la veille de la Révolution tranquille, une majorité de femmes des campagnes sont encore responsables de l'approvisionnement du garde-manger familial en confitures maison. Cette coutume ancestrale sera rendue désuète par l'arrivée en région des grandes chaînes d'alimentation.

Élaine Bédard crève l'écran dès sa première apparition à la télévision vers la fin des années 1950. Elle s'impose non seulement comme mannequin et co-animatrice, mais elle incarne la Canadienne française telle qu'on ne l'a encore jamais vue : sophistiquée et élégante. Son influence est telle qu'elle pourra créer sa propre école de mannequinat et former une première génération de jeunes filles rêvant de lui ressembler.

CI-DESSUS

La grande séduction! Demoiselles d'honneur à Harrington Harbour sur la Basse-Côte-Nord. La population de ce village de pêche formé par quatre îles est principalement d'origine terre-neuvienne.

CI-CONTRE

Profitant du fait que les femmes ont laissé tombé gants et chapeaux et qu'elles accordent désormais plus d'importance à l'apparence de leur coiffure, les spécialistes du cheveu se multiplient. Ici, les sœurs Diane, Francine et Lyne Côté ainsi que leur consœur Diane Legault du salon Glamour, à Val d'Or, le 13 mai 1969. Tunique courte sur pantalon légèrement évasé; la mode ne connaît plus de frontière.

Geneviève Bujold effectue une tournée en France avec le théâtre du Nouveau-Monde quand elle est découverte par Alain Resnais qui la met en scène en 1965, dans *La guerre est finie*, aux côtés d'Yves Montand. L'année suivante, elle joue dans *Le Roi de cœur*, un film de Philippe de Broca. Pour Bujold, ce passage du théâtre vers le cinéma marque le début d'une carrière internationale.

Andrée Lachapelle incarnant une prostituée dans le film *Don't Let the Angels fall* (*Seuls les enfants étaient présents*) de George Kaczender produit en 1969 par l'Office national du film.

Produit en 1973 par l'Office national du film, *Taureau*, de Clément Perron, évoque la beauté des femmes et les sentiments que la beauté peut provoquer. Ici, Monique Lepage, dans le rôle de La Gilbert, réunit d'autres stéréotypes censés attiser les rumeurs et la haine populaires : du tempérament et une attitude indépendante. On aura reconnu, à gauche, Louise Portal.

Sauvage, innocente et belle, Maria suscite une passion folle et destructrice dans *Dieu aboie-t-il*, une pièce de François Boyer présentée par le Théâtre populaire du Québec au cours de la saison 1972-1973. Ici, Rita Lafontaine dans le rôle de Maria.

C'est une fille

Ange vu sur une scène de théâtre amateur à Rivière-du-Loup, en 1932.

Ailes de papier pour Madeleine et Françoise Bérubé qui ont égayé le congrès eucharistique tenu à Rivière-du-Loup, les 9 et 10 juillet 1927.

Le « mérite de la femme est de faire des hommes », écrivait le philosophe français Joseph de Maistre à sa fille Constance, en 1808. Le texte est ancien, mais son sens prévaut encore en Occident au début du XXe siècle alors que la naissance d'une fille est un événement neutre comparé à l'arrivée d'un garçon qui est presque glorieuse. Dans nombre de cultures, y compris la nôtre, la femme qui a engendré un fils mérite l'estime de son mari et de son entourage. Ainsi, espérant influencer le sexe du fœtus qui se développe en elle, la future mère prie et effectue un pèlerinage à Sainte-Anne-de-Beaupré, au Cap-de-la-Madeleine ou, plus tard, à l'Oratoire Saint-Joseph. Il lui arrive de sonder les astres et, tout en prétendant ne pas y croire, elle est sensible aux signes que le hasard distribue au fil de sa grossesse. Si un fils paraît, elle éprouve la satisfaction du devoir accompli. Grâce à elle, le nom du père se répercutera autour de lui et même vers l'éternité, car la naissance du fils est un jalon vers l'immortalité du patronyme et des mâles qui le perpétuent.

Une fille est bienvenue parmi une phalange de garçons que sa féminité égaye et colore. Trop avoir de filles sème l'inquiétude et parfois la discorde car, dans les couples meurtris par cette déception, germe souvent la certitude que ni la mère ni sa maison n'ont été bénies. Au Québec, plusieurs familles nombreuses le sont devenues à cause d'un surcroît de filles nées des tentatives multipliées par les parents désireux de voir naître un fils : l'héritier de la lignée, le garçon qui ferait « honneur au nom ». Sous le Régime français, les filles vivaient et mouraient comme au XXIe siècle au Québec, en n'ayant porté qu'un seul patronyme, celui de leur père que, sauf de rares exceptions, elles ne transmettent pas à leurs descendants. L'ancêtre Ozanne Achon, qui épousa Pierre Tremblay, lui donna 12 enfants sans jamais s'appeler « madame Pierre Tremblay ». Les descendants d'Ozanne sont aujourd'hui plus de 200 000, mais c'est son mari qui est « le père d'un peuple ».

Anonyme, famille Grenier, Beauce, vers 1880.

Marie-Louise Lacouline, fille unique de Joséphine Vézina et d'Édouard Lacouline naît rue Royale, à Château-Richer, le 20 mai 1897. Après des études au couvent du village, puis chez les Ursulines de Québec et à l'école normale, elle revient enseigner dans son village.

Yvonne Bossé, deux ans et demi, jette un regard désabusé au photographe qui l'a obligée à se tenir debout sur un siège capitonné.

Malgré l'apparente sévérité de la Coutume de Paris, code de loi qui s'appliquait dans toute la colonie, femmes et filles jouissaient ici d'une plus grande liberté que dans la mère-patrie. Elles savaient s'y prendre avec des maris sur le point de s'absenter en obtenant d'eux des procurations qui leur donnaient pleins pouvoirs d'agir et d'administrer. Quand l'homme revenait, sa compagne n'était pas nécessairement disposée à lui céder son autonomie ni lui à la lui retirer. Leur attitude devant l'autorité, qui s'immisçait parfois dans leurs affaires privées, permet de croire que l'arrangement convenait à l'un comme à l'autre.

Sous le Régime français encore, quand venait l'heure d'hériter du patrimoine accumulé par ses père et mère, la part de la fille était égale, en valeur, à celle de ses frères, mais comme on ne morcelait pas le patrimoine familial en faveur d'une fille, elle héritait plus généralement de lots constitués de biens meubles. Propriétaire, elle votait! Il a fallu l'introduction de nouvelles lois, après la Conquête de 1760, pour qu'on lui retire ce droit, ce qui survient en 1849. Comparant les droits de la Canadienne française à ceux de leurs compatriotes de sexe féminin, les Britanniques trouvent que la nouvelle venue dans l'empire en mène trop large. C'est d'ailleurs l'attitude de la femme plus que ses droits — assimilés à des privilèges — qui va changer. Les rapports égalitaires pratiqués entre hommes et femmes depuis la fondation de Québec disparaissent, du moins officiellement. L'homme, via la puissance maritale du mari, contrôle l'activité familiale ainsi que les faits et gestes de sa femme. Entre autres renoncements, elle cesse peu à peu, une fois mariée, d'utiliser ses nom et prénom. À moins d'être veuve ou religieuse, elle ne peut ni s'associer ni acheter ni vendre quoi que ce soit sans la permission du chef de la famille. Même son sacro-saint droit d'hériter rétrécit comme peau de chagrin: la coutume s'instaurant, au XIXe siècle et perdurant jusqu'au milieu des années 1960 en certains milieux, de léguer des miettes à une fille dont la dot coûte déjà assez cher et qu'un mariage ou l'entrée en religion devrait prémunir contre les aléas de l'existence.

La mode enfantine s'épanouit dans les milieux favorisés où une certaine émulation, sinon compétition entre gens du «même monde», presse les parents à investir dans des vêtements dont l'utilité est brève. Les enfants de J.-E.-A. Dubuc, de Chicoutimi, sont habillés par de célèbres fournisseurs londoniens et parisiens. Même leur linge de corps est brodé de monogrammes. Ici, une fillette anonyme en 1891, posant dans un tailleur festonné inspiré des tendances du XVIIIe siècle.

Marguerite, 10 ans, et Marie, un an. À cet âge, Marie est presque assurée de survivre. En 1915, 83 274 enfants naissent au Québec, soit presque autant que la population de la capitale provinciale. De ce nombre, 12 775 enfants meurent avant d'avoir atteint l'âge d'un an. Mis en lumière par Édouard Montpetit, les décès d'enfants survenus de 1910 à 1918 inclusivement, atteignent les 100 000 victimes.

Assise à l'avant-plan sur les fourrures déployées dans le studio d'un photographe américain, Desanges Grenier, sa jumelle décédée en bas âge et un petit garçon. Desanges Grenier, fille de Louis Grenier et de Desanges Saint-Pierre, est née à Lewiston, Maine, en 1896. Elle avait 5 ans quand son père est revenu vivre en Beauce. Il ramenait avec lui sa deuxième épouse et Desanges ainsi que la dépouille de sa première femme, morte aux États-Unis et à laquelle il avait promis une sépulture en sol natal. Mariée à Olivier Bizier, Desanges Grenier a mis 18 enfants au monde. Onze ont atteint l'âge adulte.

Traditionnellement, au Québec, le sort des jeunes enfants, garçons et filles, se confond. Il s'agit de petites personnes. On les aime bien, mais quel que soit leur sexe, ils coûtent cher et on est pressé de les voir devenir utiles. On les plaçait en apprentissage dès l'âge de six ans en Nouvelle-France; sous le Régime britannique, on continue de trouver normal de les faire travailler dès qu'ils ont acquis un peu de force et d'habileté, en particulier dans l'exécution de tâches répétitives. L'industrialisation abuse de ces jeunes personnes qui travaillent jusqu'à 18 heures par jour dans des conditions insalubres, qu'on maltraite souvent et dont plusieurs contractent des maladies qui les emportent prématurément.

Malgré l'évidence que le travail nuit à leur croissance et qu'il est néfaste pour leur santé, il est si important pour la survie matérielle de la famille de ces petites fourmis qu'on persiste dans cette forme d'esclavage. Il faudra l'intervention de scientifiques, de médecins, de politiciens et de groupes d'activistes pour que, vers la fin du XIXe siècle, on s'élève contre les abus dont l'enfance est victime. Garçons et filles étant égaux dans ce contexte, la discrimination dont les petites filles ont pu souffrir a surtout été associée à leurs conditions de travail. Les abus et le harcèlement sexuels ont été tus et on ne les perçoit qu'à travers l'intensification des activités de crèches et de maisons de naissance créées pour dissimuler leur honte et leur désespoir.

Jusqu'à l'invention de l'échographie en 1958, un mystère absolu enveloppe la naissance. La mère cache son « état » sous des vêtements amples, mais elle autorise tantes, voisines et autres sorcières à étudier la forme de son ventre et la hauteur apparente de l'enfant à naître pour prophétiser : s'il est rond, ce sera une fille ; s'il est relevé, ce sera un garçon. Jusqu'à ce

Non, ce n'est pas une fille. Jusqu'à ce qu'ils atteignent l'âge de six ans, parfois davantage, les garçons nés au tournant du XIXe et du XXe siècle portent des robes et rivalisent, au chapitre du charme et de la beauté, avec les petites filles de leur âge. Photographié en 1885, Louis-Napoléon Fluet épousa Évelyne Nadeau qui lui donna 17 enfants dont 11 « enfants vivants ».

45

que la mortalité infantile disparaisse comme c'est le cas au XXIe siècle, alors que les morts d'enfants de moins d'un an sont rares, la tâche des nourrissons consiste d'abord à survivre aux imprudences et aux maladies qui les guettent.

Tout en s'amusant et en contemplant le monde, garçons et filles doivent rapidement devenir propres, apprendre à marcher et à parler. Pendant cette période, l'éducation des tout-petits a pour fonction de les différencier pour que, devenus adultes, ils puissent reproduire les comportements propres à chaque sexe. Soutenus par la famille, le petit enfant est moulé au convenu, à ce que, depuis la nuit des temps, on appelle sa nature. Féminine pour elle, masculine pour lui. Les garçons sont rapidement arrachés des jupes de leur mère pour être initiés au monde masculin. De ce côté-là du genre humain, on est viril et fort. On apprend à étouffer ses sentiments et même à ne jamais les exprimer : un garçon ne pleure pas, ne se plaint pas, parle peu et méprise les faibles.

Au début du XXe siècle, garçons et filles qui naissent en ville ou à la campagne sont promis aux gros travaux. Les premiers à la ferme ou à l'usine, les secondes à la maison et autour. En 1903, le gouvernement du Québec élève de 12 à 13 ans l'âge des enfants pouvant travailler en usine. Quatre ans plus tard, cet âge est porté à 14 ans. Ici, les jumeaux Reina et René vers 1930.

Les filles sont elles aussi forgées à la nature qu'on leur prête. Faiblesse et fragilité leur sont réservées. Elles seront donc peureuses et manqueront de confiance en elles. Ainsi faites, elles s'appuieront inévitablement sur l'homme, père, frère, mari, ami. Pour compenser ces carences apprises, elles sont endurantes, utiles et performantes dans les tâches ménagères et connexes, c'est-à-dire les activités qui requièrent des compétences acquises à la maison et qu'on exploitera pour les attirer à l'usine ou pour les faire travailler comme bonniches. Ce qu'elles découvrent s'apprend dans les jupes de leur mère où on les maintient et où elles peuvent exprimer ce que leurs petits frères taisent et répriment. À 12 ans, sexualité mise à part, elles savent presque tout ce qu'une jeune fille doit savoir quand l'heure sonne pour elle de se marier et de perpétuer le genre humain. ◉

Parfaites, souriantes et adorables !

Sages comme des images. Parfaites. Souriantes et douces, elles cherchent à être aimées. Leur charme est la première richesse qu'elles exposent. Elles y ajoutent un rien de bonnes manières. À croire qu'elles ont grandi sous l'œil de précepteurs. Et pourtant, on sait bien que la plupart d'entre elles sont nées dans un milieu modeste. Rares sont les photos où elles expriment de la colère ou du dépit, mais presque toujours une certaine gravité et quelquefois un rien de tristesse ainsi que, parfois, une étincelle d'ironie. Ainsi voulait-on les filles, autrefois : soumises et adorables.

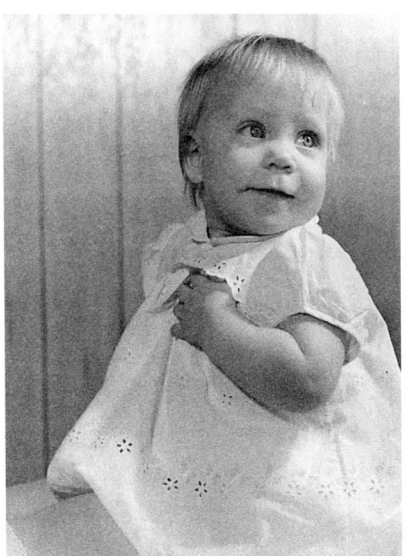

Trois fillettes que l'éducation et le milieu familial favoriseront et qui rendront à la société le bénéfice de leur engagement personnel : Justine, Jeanne et Yvonne Lacoste, photographiées vers 1870.

Le déclin de la pratique religieuse au Québec, au cours des années 1960, a un impact sur le baptême qui perd brutalement la faveur et dont la fonction utile, l'enregistrement civil par le prêtre officiant, est remplacé par un enregistrement civil officiel en 1994. Ici, en 1968, Michèle Garceau dans une tenue de baptême neuve, conforme à l'évolution des coutumes où les trousseaux de baptême ayant traversé les générations n'ont plus la cote.

C'est une petite sainte !

PAGE PRÉCÉDENTE
Communiante au jardin, à Saint-Alexandre de Kamouraska, en 1940.

PAGES SUIVANTES
Communiantes et communiants posant, le 2 juin 1898, devant le couvent des Sœurs du Bon-Pasteur à Rivière-du-Loup.

Intelligente, elle apprend par cœur ses prières et elle intègre à son quotidien, qui est également celui de la famille, les pratiques religieuses convenues. La petite grandit en ayant pour modèle la Vierge Marie qui l'invite à se garder intacte. Elle apprend qu'il est de son devoir de rester pure et de résister aux assauts dont elle pourrait être victime. Elle apprend également que si un drame survient, elle seule en portera la responsabilité, sa nature de femme étant naturellement provocatrice. Elle doit se conduire en petite sainte et parvenir à la première communion, à la communion solennelle et à la profession de foi en jeune servante du Dieu pour qui elle se garde pure.

Ici, en 1885, groupe de communiants entourant Napoléon Thivierge, curé de Bonaventure. Les garçons tiennent leur chapeau, pendant que les filles, mains jointes, enserrent leur exemplaire du petit catéchisme.

La petite Micheline Renaud personnifiant saint Jean-Baptiste lors du défilé du 24 juin 1955, à Val-d'Or (Abitibi).

Autour du prêtre qui les a préparées à la communion, 20 élèves des Ursulines de Trois-Rivières en tunique noire. Les accessoires : voile, col et gants blancs symbolisent leur pureté. L'aumônière contient le chapelet, un petit missel, un mouchoir brodé et quelques sous pour la quête.

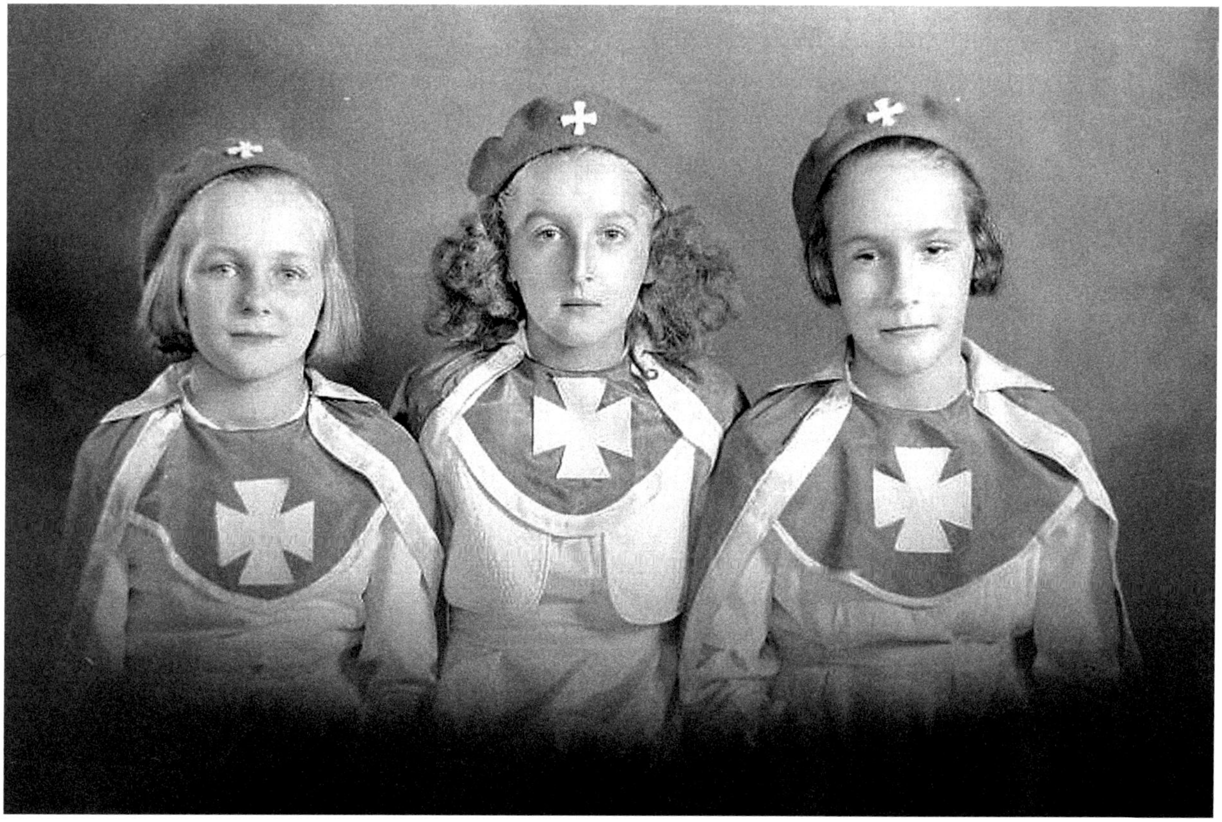

CI-DESSUS

Membres de la Jeunesse féminine catholique de Jonquière (Saguenay-Lac Saint-Jean), en 1942. Fondé pendant la crise économique des années 1930, ce mouvement répond à la volonté d'inculquer le sens des responsabilités aux jeunes catholiques et de simuler leur engagement social.

CI-CONTRE

En 1960, au couvent d'Hochelaga, réunion des cadettes du Sacré-Cœur en costume obligatoire lors des rencontres.

CI-DESSUS

Le 3 janvier, dans l'église Notre-Dame-des-Victoires de Québec, on souligne la fête de sainte Geneviève, patronne de Paris, qui sauva sa ville de la famine. Ici, la bénédiction des petits pains dans la chapelle Sainte-Geneviève, vers 1960.

CI-CONTRE

Année 1910. La procession des communiantes, guidées par leur maîtresse, s'approche de l'église et du presbytère de Kahnawake où, dans un élan de ferveur populaire, la foule s'agenouille.

L'enfance

Arrivés en 1934 à Sainte-Anne de Roquemaure, en Abitibi, les colons, souvent des citadins fuyant le krach, débarquent en pleine forêt. Deux ans plus tard, leur situation s'est améliorée et les enfants s'apprêtent à faire leurs premiers pas.

Une mère et son nouveau-né, en Abitibi, vers 1935.

L'ÉDUCATION DE L'ENFANT est chose sérieuse au début du XXe siècle. Inspirée par l'Église et par des générations d'hommes et de femmes pour qui la vie n'avait pas été facile, la société prône la plus grande sévérité dans les rapports entre parents et enfants. Fille ou garçon, on craint de le voir se gâter ou même en venir à régner sur la famille tout entière. Pour éviter cela, on recommande aux futurs mariés de se préparer à l'arrivée d'un enfant en étant disposés à ne pas exprimer trop d'attachement à son égard. Il faut plutôt l'entraîner à être endurant et intraitable avec lui-même afin que, une fois grand, il ne succombe à aucune faiblesse. Pour atteindre cet objectif, qui exige souvent beaucoup de parents qui seraient naturellement affectueux, ils apprennent à être de marbre devant les pleurs, les plaintes, les angoisses. L'enfant a peur de l'eau, on l'immerge dans l'eau froide. Il a peur du noir, on l'enferme dans un recoin obscur. Il a peur d'être seul, on le « perd » volontairement parmi la foule. Il craint les animaux, on l'oblige à les garder. L'entreprise consistant à lui casser le caractère, on le corrige et on le bat pour des riens.

Fort de l'autorité parentale que lui reconnaissent l'Église et l'État, le père détient le droit de dresser l'enfant, rôle auquel il ne peut pas se soustraire à moins d'aspirer à paraître faible et inapte à jouer son rôle. La plus riche illustration du droit du père sur l'enfant tient presque de la légende. Il s'agit de l'extrême passivité de la population de Sainte-Philomène de Fortierville qui fut témoin, en 1919 et en 1920, des mauvais traitements subis par Aurore Gagnon, puis de son martyre. Battue par son propre père sur l'instigation de Marie-Anne Houde, sa belle-mère, la petite Aurore mourut, le 12 février 1920. La marâtre fut plus sévèrement punie que Télesphore Gagnon qui put reprendre une vie normale dans le village où le crime avait été commis.

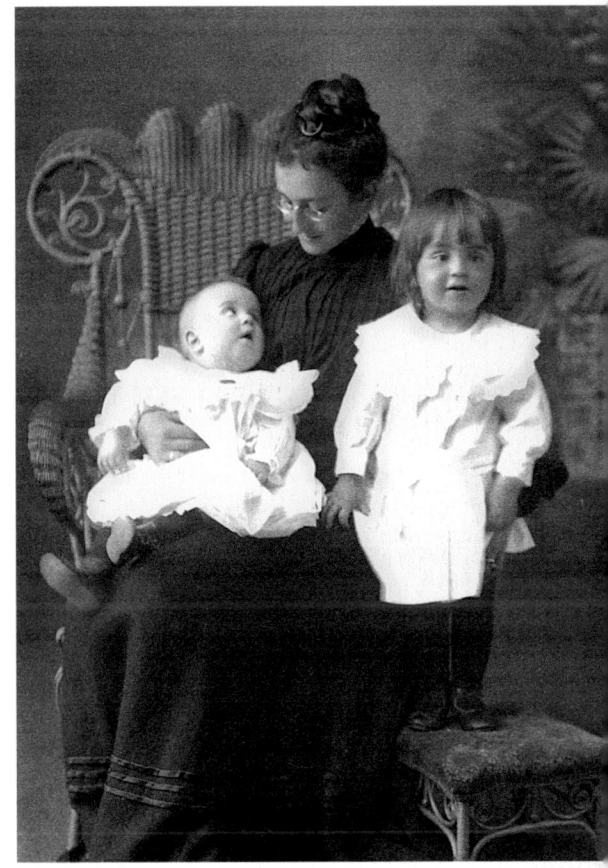

Madame Ulric Lavoie, de Rivière-du-Loup, et ses enfants photographiés en 1915.

Femmes et enfants innus de la famille Mollen, à Mingan, sur la Basse-Côte-Nord au Québec. À l'extrême droite, Henriette Meshtokosho et au centre, l'aide-infirmière Adrienne Tremblay au camp d'hiver des Innus de Mingan.

Pierre Paquin et Josée, sa sœur cadette, nés à Montréal, au tournant des années 1950.

L'objectif ultime consistant à fabriquer un être docile, la famille reconnaît aux éducateurs auxquels elle confie l'enfant le droit de le punir physiquement. Cet enfant sera donc châtié à l'école pour des motifs futiles : mauvaise humeur, retard, fou rire ou simple lenteur d'exécution. À l'usine, on le réprimandera, on le battra pour des raisons vagues qui sont autant de prétextes invoqués pour, en plus, le mettre à l'amende et confisquer son maigre salaire !

Les enfants de la première moitié du XXe siècle n'ont pas tous éprouvé, sur leur peau, la main brûlante, la ceinture de cuir ou la règle de bois, mais plusieurs ont souffert de cette absence de tendresse, de caresses et de simple compréhension. Quand on demande à ceux qui sont nés avant la Deuxième Grande Guerre et qui ont tant souffert du manque d'amour pourquoi on ne leur a jamais dit « Je t'aime », ils répondent qu'ils ne savent pas. Il est vrai qu'on ne leur a pas dit que leurs parents avaient eux-mêmes été brisés et dressés. Ceux-ci avaient été prévenus que l'orientation de leur enfant serait l'aboutissement de l'éducation qu'ils leur donnaient. Par conséquent, ils devaient déposer « dans leur cœur » le germe de valeurs morales qu'ils avaient le devoir de leur transmettre. ◉

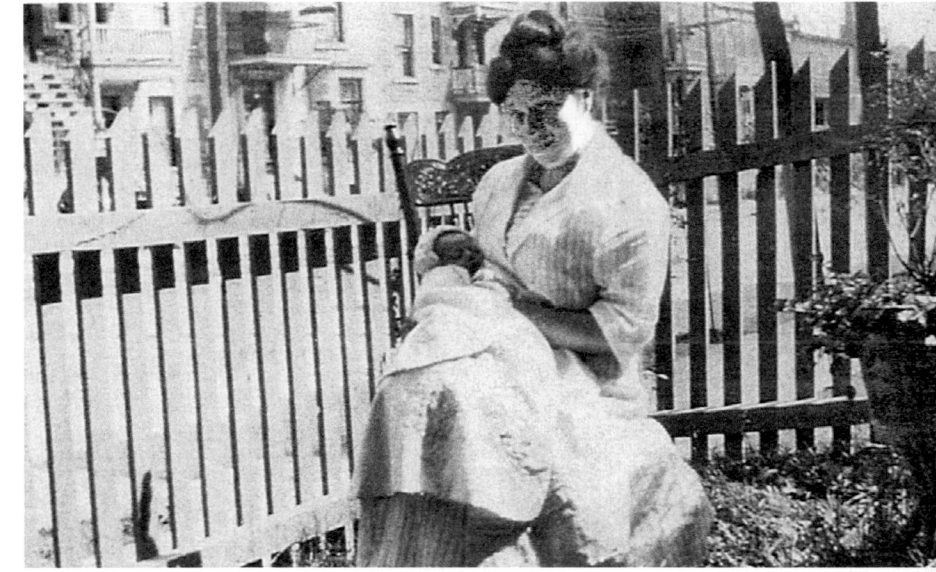

En 1910, Alice Côté-Sammut, une fillette du quartier Hochelaga, à Montréal, reçoit un appareil photo en cadeau d'anniversaire qui lui permet de photographier les membres de sa famille. Ici, dans un carré de pelouse, une mère et un nourrisson.

Nephtalie Beauchamp, qui a été maire de Templeton-Est, en Outaouais, sa femme et trois enfants, photographiés vers 1890. Sur les genoux de son père, le petit matelot en jupe s'habillera en garçon quand il sera propre.

En famille

Si la naissance des filles est parfois accueillie avec une joie mitigée, on est généralement tendre avec elles. Elles sont bercées, cajolées, admirées. Pour le photographe qui les croque sous leur meilleur jour, elles sont habillées de neuf et coiffées avec soin. Le photographe a rarement voulu immortaliser sur pellicule les enfants portant les marques des mauvais traitements dont ils étaient victimes. Au milieu du XXe siècle, on appelait «enfants tristes» les cendrillons et leurs petits frères, ces mal aimés, travaillant jeunes à l'usine ou ailleurs, ou abandonnés, conditions qui les privaient d'un avenir reluisant.

Madeleine Champagne, fille de Marthe Brunelle et de Roger Champagne, devant la cathédrale Saint-Hyacinthe-le-Confesseur, à Saint-Hyacinthe, en 1945.

Mère et fille en 1885. Cette année-là, une épidémie de variole provoque la mort de milliers d'enfants au Québec.

Complicité père et fille, dans l'ombre du château Frontenac, à Québec.

Promenade en brouette sur un chantier de construction, chez le navigateur Gérard Yergeau, à Vassan, en Abitibi.

Complicité père et fille. Antonio Bizier, sa fille Hélène-Andrée et Nazaire Fluet, son oncle maternel.

Papa s'en va sarcler la terre ; les enfants suivent dans la brouette. En 1920, la sécurité n'est pas un sujet d'inquiétude. Ainsi initie-t-on filles et garçons à l'environnement et aux tâches qu'ils accompliront un jour.

Chez les Algonquins de l'Abitibi et du Témiscamingue, les enfants vivent avec leur mère et leur père dans la famille du père à laquelle ils appartiennent. Ici, une petite Algonquine du lac Abitibi en 1935.

CI-DESSUS

La photographe Aline Cloutier et un bébé anonyme, vers 1930. Née en 1897 à Notre-Dame-du-Lac, au Témiscouata, Aline Cloutier est initiée à la photographie vers l'âge de 15 ans. Les sujets qu'elle traite mettent en valeur sa région, sa famille et l'hôtel Cloutier, propriété de ses parents.

CI-CONTRE

Une seule pièce de tissu et le même modèle de robes à volants pour Pauline, Lucille et Thérèse, les petites-filles de Blanche Dulong, photographiées vers 1920.

PAGE PRÉCÉDENTE

Femme âgée et enfant, région du Bas-Saint-Laurent, vers 1905.

CI-DESSUS

En pleine ville en 1910, mais au pied de l'escalier extérieur, le grand frère, ses petites sœurs et leurs poupées.

CI-CONTRE

Fleurette Sabourin à Montréal, vers 1915. À cette époque, peu de parents ont les moyens d'offrir à leurs enfants des jouets comme cette poupée manufacturée.

C'est bon pour les filles !

Innocents, les jeux offerts aux petites filles de la première moitié du XXe siècle ? Pas si on y regarde à deux fois. Ces jeux sont éducatifs et formateurs. Leur fonction n'étant pas de nourrir l'imagination à travers une cascade de découvertes, ils ne sont surtout pas ludiques. La petite fille et son frère apprennent tout seuls, dans leur environnement, à emboîter des objets, à recréer les paysages figurant sur les jeux de blocs, à assembler des casse-tête, à faire tournoyer les toupies, à jouer à la balle, aux marbres, aux billes et aux dominos. Cela ne fait qu'un temps car, dans les contextes où on l'entraîne à jouer, la petite Canadienne française acquiert les compétences qui, rapidement, la rendent précieuse.

Jusqu'à la Révolution tranquille au moins, elle est initiée au bien et au mal, éduquée dans la crainte de Dieu, endoctrinée par la prière. Cette éducation, qui la forme pour l'avenir, repose sur le souci de perfection qui s'empare d'elle avant même qu'elle ne se tienne debout. Elle ne marche pas encore, qu'elle a compris l'importance de sourire et d'obéir pour être aimée. Le reste vient tout seul : elle remplit son devoir et à chaque petite erreur de sa part ou de ceux dont elle est responsable, on la réprimande. Avant d'entrer à l'école, elle connaît déjà le poids d'une culpabilité qui la poursuivra toute sa vie. Elle doit être sage pour ne pas peiner sa mère, son père et tous ceux qu'elle aime et qu'elle pourrait décevoir… Elle ne doit jamais laisser éclater sa colère ni élever le ton ni se venger de quoi que ce soit.

Ses jeux sont dirigés. Quand elle joue à la mère, elle est initiée en douceur à la vie domestique, le mariage et la procréation : on lui offre une ou plusieurs poupées et ensuite, quand elle a acquis un certain sens des responsabilités, on lui confie le soin d'un poupon qu'elle élèvera sous l'œil de sa mère. Elle apprend à aimer les jouets de filles et, si ses frères peuvent se rouler dans la boue, elle n'a pas le droit de se salir. Au moins jusqu'au début des années 1960, alors qu'on lui permet de bouger normalement, la petite fille qui joue dehors porte la robe, des bas blancs et des chaussures propres. Puisqu'elles sont contraintes à l'immobilité et que le droit de jouer, de courir et de se salir est exclusivement masculin, les filles se tiennent ensemble, babillent et racontent. Cette propension à la parole leur est reprochée, comme une trace de superficialité dont les hommes auraient été exemptés. Entraînée à rester proche de la maison, la petite fille joue à la marelle, saute à la corde jusqu'au jour où son temps libre lui est arraché. Et la voici qui fait les petites commissions, sème un potager, balaie ceci et cela, nourrit les animaux, garde les enfants et seconde sa mère dans toutes ses activités. Avant d'avoir mis le pied à l'école, elle est jolie ou charmante, mais presque toujours telle qu'on l'a voulue : docile, efficace. Bonne à marier !

Une fillette berce sa poupée vêtue d'une robe d'été et d'un tablier, à Saint-Octave de l'Avenir, en Gaspésie, en 1938.

Petites mères

Les gentilles petites mères jouent à la poupée. Elles parlent, rient et pleurent en se confiant à des poupées de son ou de charpie, leurs « catins ». Entourées de ces jouets inanimés et du mobilier miniature conçus pour elles, les filles s'initient à des rituels calqués sur les tâches qu'elles accompliront pendant toute leur existence. Ainsi jouent-elles à la maman, à la maîtresse d'école, à la garde-malade et à la bonne sœur. À l'âge de quatre ans, elles ont tout observé et compris. À 10 ans, grâce à d'autres jeux en apparence anodins ainsi qu'à un ensemble de tâches obligatoires, elles savent cuisiner, faire la lessive, jardiner et participer à de gros travaux. Si cela s'impose, elles peuvent élever les plus jeunes, leur enseigner à prier, lire et écrire, suivre leurs progrès scolaires et même remplacer la mère si par malheur celle-ci disparaît avant d'avoir entièrement accompli sa tâche. Dans l'univers qu'elles partagent avec leurs poupées et, plus tard, avec leur journal intime, elles révèlent qu'elles attendent; qu'elles espèrent un prince qui les délivrera de l'enfance et de l'emprise familiale.

En Outaouais, vers 1930. Lucille Chénier veille sur Jean-Bernard, son petit frère.
Une poupée et un ourson font également partie de la famille qu'elle s'est inventée pour jouer.

La petite Laurette Paquette, de Buckingham, en Outaouais, photographiée vers 1900, dans une scène la montrant avec sa poupée dans l'attitude de l'enfant idéale.

CI-DESSUS

Amicale des poupées en 1957, au collège Marie-de-l'Incarnation de Trois-Rivières.

CI-CONTRE

Été 1911, Marie-Anna et Jeanne Dupuis, de Rivière-du-Loup, prennent le thé sur la galerie. Une poupée se repose dans le pousse-pousse en fer pendant qu'un Blériot XI vole au-dessus de leurs têtes.

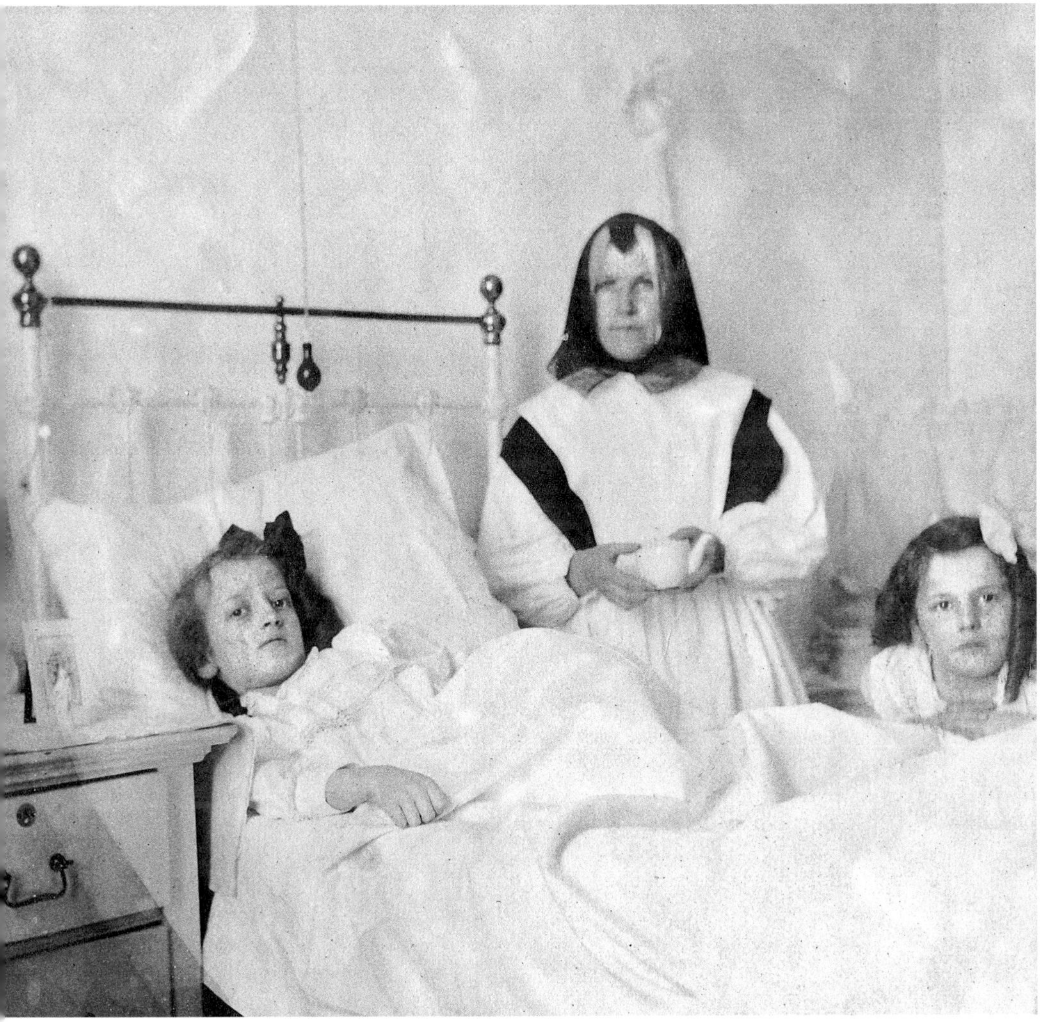

En 1905 ou 1906, pendant qu'une épidémie de variole sévit au Québec, les sœurs Lorina et Rose-Ella Léger sont hospitalisées à l'hôpital Saint-Michel de Buckingham, en Outaouais. Après leur guérison, chacune reçoit une poupée souvenir dont l'habit — qui sait ? — peut inspirer une vocation.

Petites ménagères

Défenseur des écoles ménagères, l'abbé Albert Tessier pensait, en 1942, comme on pensait au début du XXe siècle, à savoir que « l'immense majorité des fillettes de l'école primaire devra, plus tard, assumer la lourde mission de fonder un foyer. Il faut leur donner très tôt une haute idée du rôle qui leur incombe de continuer l'histoire familiale du Canada français. »

CI-DESSUS

On ne joue plus. Fillette balayant un escalier de la rue Dorchester Est (boulevard René-Lévesque), à Montréal, en 1937.

CI-CONTRE

Aux environs de Buckingham, vers 1900, Lorina Léger et Alice Campeau jouent à la mère parmi une panoplie d'objets et de meubles miniatures reproduisant l'ambiance d'une cuisine familiale. La mise en scène s'inspire aussi de la vraie vie : pendant que les poupées font la sieste de la mi-journée, Lorina donne un coup de balai. En tablier, Aline a préparé le thé. Le linge sèche sur la corde et le fer à repasser réchauffe sur le poêle.

Petites gardiennes

Elles grandissent en cumulant les responsabilités qui leur permettront de voler de leurs propres ailes. On les a poussées à prendre soin des poupons. Elles ont appris à cuisiner l'essentiel et, à la maison, même avant qu'elles aient atteint l'âge de 10 ans, on n'hésite pas à leur confier la garde d'enfants nombreux et plus jeunes qu'elles. Elles ont le droit de les gronder et le devoir d'agir en continuité avec l'éducation parentale dont elles sont momentanément les détentrices.

Les parents peuvent vaquer tranquillement à leurs occupations, la grande sœur veille sur les plus jeunes.

La responsabilisation en milieu familial prépare les fillettes à devenir gardiennes d'enfants ou monitrices de terrain de jeux comme ici, au mois de juillet 1940, à Montréal.

Comme les grandes personnes

En toutes choses, on demande aux enfants d'agir comme les grandes personnes : bien se tenir, bien manger, bien parler, travailler fort, ne pas s'écouter, ne pas pleurer. Parfois, surtout comme ici, quand le photographe est avide de montrer les « finesses » de ses sujets, il arrange un peu la réalité en les invitant à imiter les adultes dans certains de leurs comportements.

Comme un vrai couple.

Jouer à être grands, en 1923. Fernande Thivierge, en maman, tricote. Paul-Édouard, 5 ans, en matelot de la rue d'Iberville, à Rivière-du-Loup, se délasse en fumant la pipe.

CI-DESSUS

Ils n'ont pas vu un seul film et encore moins d'émissions de télé. Qui donc ces enfants de Sainte-Anne-de-Roquemaure imitent-ils dans cet instant de tendresse ?

CI-CONTRE

Tendresse entre enfants du canton de Rameau, en Gaspésie. Exactement l'image de bonheur recherchée par le photographe et prêtre colonisateur Maurice Proulx. Cette photo et d'autres serviront à démontrer qu'il existe une solution, même lointaine et rébarbative, au 30,9 pour cent de chômage enregistré au Québec en 1932.

Si dégourdies

Elles sont dressées au courage et à la débrouillardise. À elles de voir ce qui cloche, à elles d'entreprendre et d'organiser sans s'en plaindre ni s'en vanter. Avant d'être totalement autonomes, elles doivent sortir de la maison et, guidées par les parents, faire l'apprentissage des mille et une tâches qui ont pour cadre l'extérieur de la maison.

Philippe Jalbert au poulailler pendant que sa femme et ses filles nourrissent les volailles, en 1954, à Beaudry, en Abitibi.

CI-DESSUS

Lorraine Roy, 3 ans, photographiée à Armagh (Bellechasse), en 1947, prenant la relève d'une brebis dont elle nourrit l'agnelet.

CI-CONTRE

Claire Gagnon initie sa fille Jeanne à la fabrication du savon domestique. Matière première : le gras des animaux conservé après l'abattage, des cristaux de soude caustique, de l'eau et, selon les régions, de la résine ou de l'arcanson. Le résidu du savon, appelé « lessif », servait à récurer les planchers de bois.

Sages comme des images

Fillettes en costume traditionnel ukrainien, photographiées en 1938, pendant les fêtes du 25e anniversaire de fondation de l'Abitibi. En 1925, trois ans après la découverte de mines d'or sur le site de l'actuelle ville de Rouyn, des Ukrainiens débarquent dans cette région. Le gouvernement leur attribuera des terres sur les rives du lac Castagnier où ils ont créé une colonie nommée Szeptyki.

On les aime, mais la relation que l'on nourrit avec elles est plus riche encore si elles sont sages comme des images. Éduquées par des mères soucieuses de perpétuer les principes de leur propre éducation, les petites filles correspondent naturellement au profil de la fillette proprette, souriante, aussi sage qu'un personnage d'image pieuse. D'ailleurs, n'y a-t-il pas, au-dessus d'elle, cet ange gardien qui la soutient et qui, pour son bien, est disposé à la trahir au moindre faux pas ?

CI-DESSUS

De gauche à droite, les sœurs Marielle, Colette et Élaine, filles de Jacqueline Cousineau et de Léopold Demers, photographiées à Ville Saint-Laurent, vers 1955.

CI-CONTRE

Retour de promenade en traîneau à chien, à Saint-Alexandre de Kamouraska, vers 1935.

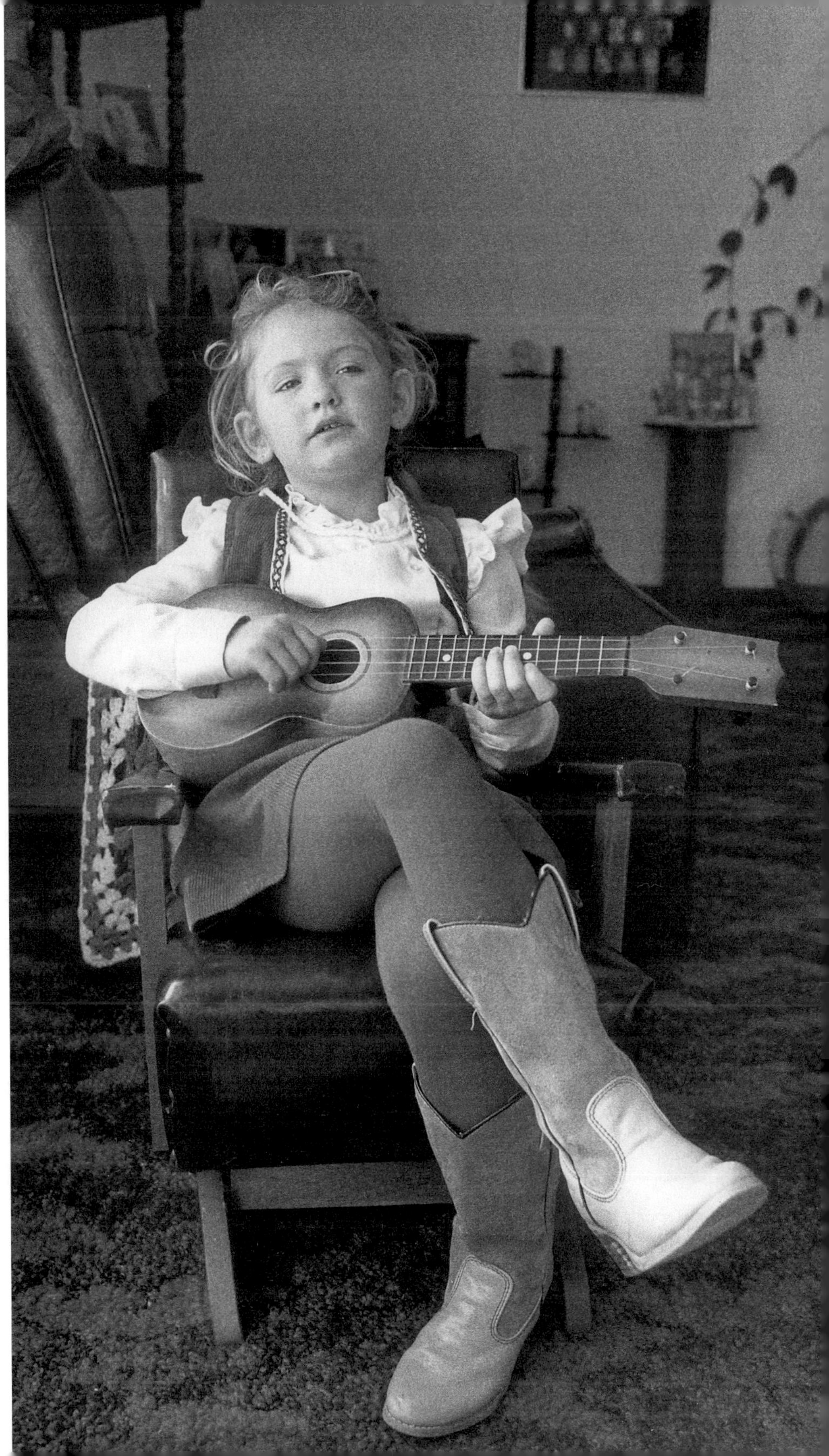

CI-DESSUS

Julie Huguet, Laval, en 1969.

CI-CONTRE

Jackie Gallinois, de Saint-Augustin sur la Basse-Côte-Nord, en 1986.

Journée d'Halloween à Lachine, sur l'île de Montréal, en 1942.

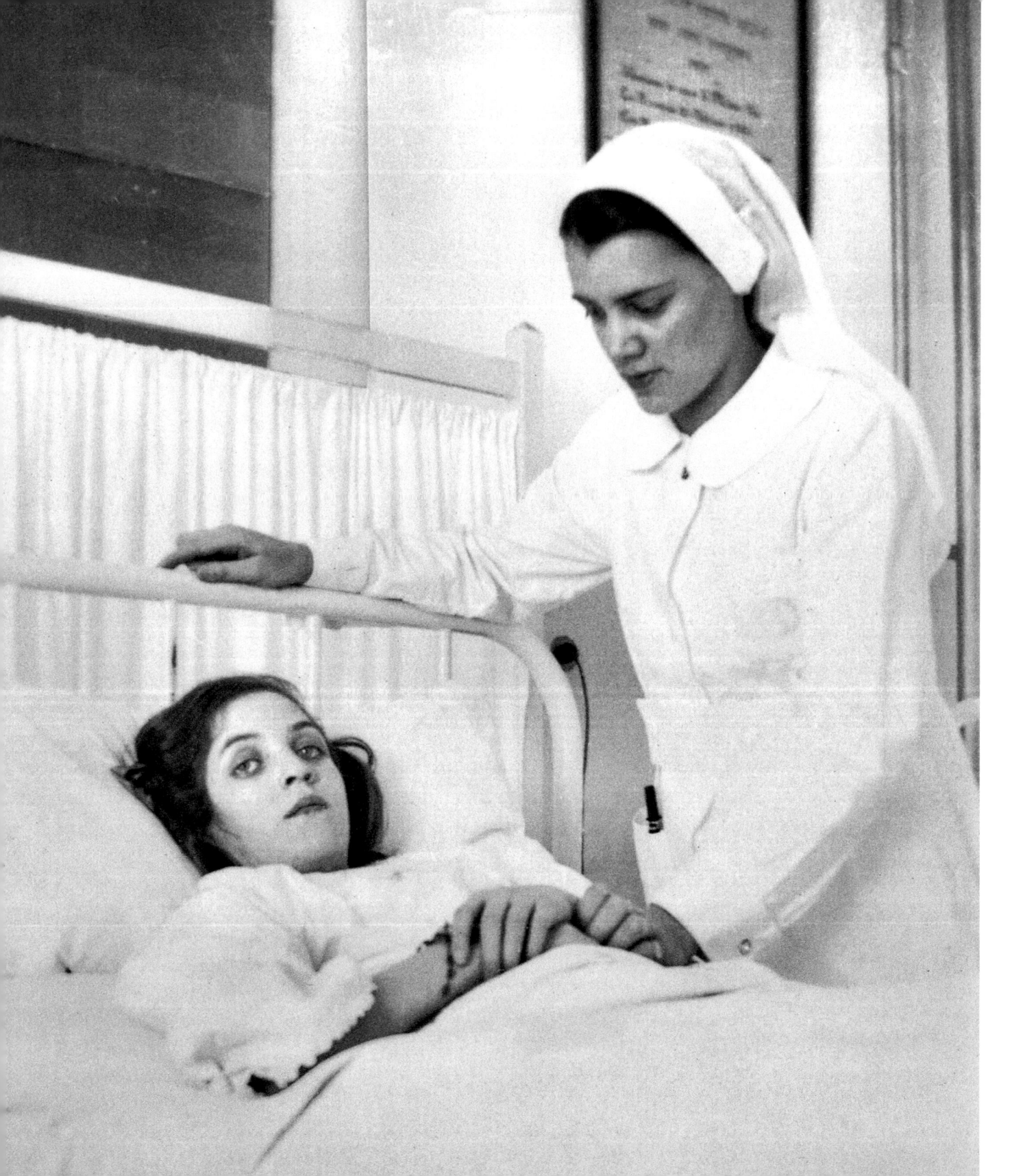

Survivre

Les hygiénistes réunis en 1887, sous la bannière du Conseil d'hygiène de la province de Québec, s'installent au chevet de la famille canadienne-française. Ils découvrent, par exemple, que la santé est meilleure à la campagne, mais que la mortalité infantile sévit davantage dans les familles rurales qu'en ville. Vers 1900, on semble dire que l'hygiène est mieux comprise en ville qu'ailleurs. Ce qui ne signifie pas qu'elle y soit pratiquée. À cette époque où l'on commence à comprendre ce qu'est un microbe, la mouche est l'insecte à détruire. S'organisent, à travers tout le Canada, des équipées anti-mouches. En 1915, à la veille de mettre à prix la tête de mouche, on évoque d'anciens carnages et palmes aux tueurs de mouches dont certains avaient présenté en preuve de leur zèle des tonneaux remplis de cet insecte!

De quoi, au juste, moururent les quelque 100 000 enfants de moins d'un an, disparus au Québec entre 1910 et 1918? Et tous les autres, décédés avant le XXe siècle, alors qu'on ne compilait pas encore de statistiques? De chaleur en été, d'embrassements excessifs en toutes saisons puisque la mort en cueillait plusieurs la nuit, étouffés sous le poids d'un parent endormi. Ils mouraient pendant les épidémies et à cause de l'air pollué par les égouts à ciel ouvert serpentant les villes. La mauvaise qualité de l'eau et du lait les tuait aussi.

En 1918, l'économiste Édouard Montpetit analyse des statistiques officielles qu'il a le mérite de mettre en contexte. Elles sont renversantes de précision. Ce sont les petits Canadiens français qui meurent le plus; décès qui anéantissent l'effort de natalité. À Montréal, en 1915, sur «2 046 enfants morts de diarrhée et d'entérite avant leur deuxième année, 1 338 étaient Canadiens français, 578 Canadiens anglais, 130 d'autres origines; à Québec, sur 476 enfants atteints fatalement des mêmes maladies, 482 étaient Canadiens français, 10 Canadiens anglais, 5 seulement d'autres nationalités.» Cela répond à ceux qui haussent les épaules et chargent l'immigration, opinant avec une ignorance désinvolte que ce sont les enfants des autres qui meurent. Regardons mieux, ajoute Montpetit: «Dans nos campagnes, les petits morts sont presque tous des nôtres. Sur soixante-quatre comtés ruraux, quarante-deux, y compris ceux de Brome, de Compton, de Dorchester et de Drummond où les morts sont tous tirés de

Fillette soignée à l'hôpital Saint-Joseph de Rivière-du-Loup, en 1936.

notre nation ; et, pour les vingt-deux autres, où grandissent des villes assez populeuses, à peine quelques décès chez les Anglo-canadiens et les étrangers : un, parfois deux, rarement quatre, sept dans un seul cas. [...] »

Les enfants rendaient le dernier souffle dans l'indifférence cruelle d'une société qui, jusqu'à la fondation de l'hôpital Sainte-Justine à Montréal, ne croyait pas nécessaire d'hospitaliser et de soigner les enfants de moins de deux ans. Jusqu'à leur 24e mois, c'est dans la résignation sinon dans l'indifférence qu'on accueillait la maladie de l'enfant qui dépérissait sans avoir été soumis à un examen médical. Fatalisme. « Un ange de plus pour veiller sur nous du haut du Ciel », disait-on. Mais on disait aussi qu'une mère ayant donné naissance à douze enfants n'était pas trop peinée de n'en avoir que six à nourrir et à élever...

L'enfant naît dans la douleur comme il se doit et, jusqu'en 1956, année où le pape Pie XII proclame la légitimité de l'accouchement sans douleur, tout adoucissement consenti à la mère est réprouvé par l'Église. En milieu rural comme en milieu ouvrier, les notions d'hygiène dont on entoure la mère et l'enfant sont moyenâgeuses, fondées sur la coutume et le bon sens. Qu'un accident, survenu pendant l'accouchement, emporte la mère ou l'estropie pour le reste de ses jours — si elle survit — est chose normale. Si l'enfant meurt, s'il a manqué d'oxygène ou si on lui a abîmé le crâne avec les forceps, c'est normal. « Dieu l'a voulu. »

Pendant les six premiers mois de sa vie, l'enfant est enserré dans des bandelettes de tissu censées lui faire des jambes bien droites. Qu'importe la chaleur, il est vêtu de tricot de la tête aux pieds. On le lave là où c'est nécessaire seulement et, s'il souffre de démangeaisons, on lui enveloppe les mains. Son berceau est en fer. Au début du xxe siècle, il est garni de paille, d'avoine ou de varech. Très tôt au début du siècle, on déconseille de bercer les enfants, qui doivent reposer dans des pièces aérées en permanence, éclairées et ensoleillées, à l'abri de « l'acre fumée de la cigarette paternelle égoïstement meurtrière ». À l'abri également, insiste-t-on, des « baisers passionnés mais baveux et sales de votre entourage et de vos amis ».

Avant que les hygiénistes ne fassent campagne en faveur de l'allaitement maternel, les enfants étaient nourris comme ci comme ça, au gré de l'état des finances familiales et des connaissances de la mère. Les biberons n'existant pas, on utilisait des tubes de verre ou de métal bouchés avec du pain. Le lait s'écoulait à travers ce filtre dans la bouche du bébé. Quand il lui faut une nourriture plus solide, on lui sert du gruau, du pain trempé et diverses purées de légumes et de viandes. Les plus forts triomphent et rejoignent le rang des « enfants vivants ».

À l'époque où Édouard Montpetit et nombre d'autres ramènent la viabilité des enfants dans l'actualité, un grand nombre d'organismes sont déjà à l'œuvre auprès des mères. En 1905, les Gouttes de lait, « consultations de nourrissons », distributrices de glace propre et de lait sain, voient le jour et essaiment à Montréal avant d'être implantées à Québec, par madame Jules Tessier et une trentaine d'alliées, au mois d'avril 1915. La Ligue du lait pur, à laquelle plusieurs médecins contribuent, est créée l'année suivante. En 1907, Marie Lacoste Gérin-Lajoie et Caroline Béique créent la Fédération nationale Saint-Jean-Baptiste dont une émanation, le Cercle d'étude Notre-Dame, prépare des jeunes filles à intervenir auprès des mères et des nourrissons. Issues de la bourgeoisie et des milieux favorisés, ces « travailleuses sociales » se déplacent et effectuent un travail de fond.

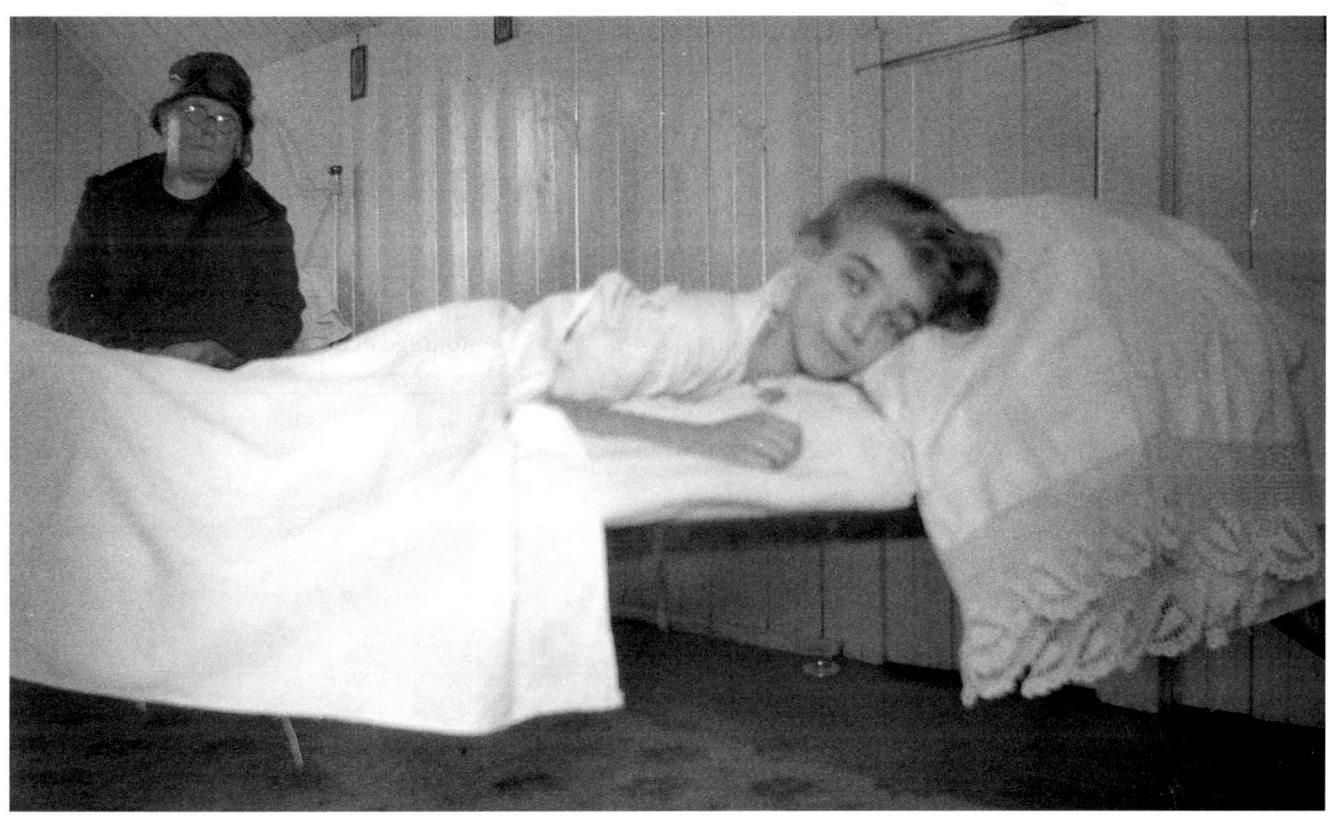

Hôpital Saint-Joseph de Rivière-du-Loup, en 1936.

La concertation d'activistes se devine car, en 1907, à l'époque où cette fédération est constituée, Justine Lacoste Beaubien, sœur de Marie-Gérin Lajoie, ouvre sa porte à Irma Levasseur : « Je me rappellerai toujours ce samedi après-midi, c'était un 26 novembre, où une jeune fille reçue médecin aux États-Unis, mademoiselle Irma Levasseur, venait demander de l'aider à réaliser un projet cher à mon cœur : fonder un hôpital pour enfants [...] » En 1913, pendant que la fédération de Marie Lacoste Gérin-Lajoie lance La Bonne Parole, journal destiné aux femmes, sa sœur Justine soutient la mise sur pied d'une clinique de puériculture pour les mères au dispensaire de l'hôpital Sainte-Justine. En 1913 encore, on réédite l'Exposition pour le bien-être de l'enfant, organisée au Manège militaire de Montréal sur le thème de la mortalité infantile et des moyens d'y remédier. Du côté des hommes, des syndicats se penchent sur la possibilité de subventionner les ouvriers désireux de restaurer leurs maisons afin de les rendre salubres, et les gouvernements s'alignent sur des mesures salvatrices.

Fondé en 1922, le Service provincial d'hygiène est préoccupé par l'incidence de la tuberculose et par les innombrables carences qui continuent de mettre en péril la santé des mères et la survie de leurs enfants. En 1926, année où la pasteurisation du lait devient obligatoire, ce service jette les bases des premières unités sanitaires de comté dont l'existence est confirmée par la loi du 22 mars 1928. Parallèlement au développement de ce réseau, on compte quelques hôpitaux pour enfants et une médecine de la naissance à l'hôpital s'est imposée au détriment de l'accouchement à domicile.

À la veille du krach économique qui va secouer l'Occident, les enfants sont vus autrement. On déplore le fait que certains doivent travailler. Leur santé importe davantage et l'idée qu'ils peuvent profiter de loisirs s'insinue dans les familles via les paroisses. L'œuvre des terrains de jeux (OTJ) voit le jour en 1927. Leur éducation devient préoccupante de même que la pauvreté qui afflige nombre de familles qui, tout en entretenant de nombreux enfants, n'ont pas les moyens de les faire instruire ni de les entretenir dignement.

L'œuvre de la Goutte de lait

À l'origine, la Goutte de lait distribue gratuitement de l'eau et de la glace aux mères de familles, mais son but ultime consiste à convaincre les femmes d'allaiter leurs bébés car le lait de vache, distribué de porte en porte, n'est pas pasteurisé et il est contaminé. Cette contamination se produit d'abord à la ferme où on le coupe d'eau impure et où les notions d'hygiène sont inexistantes; ensuite au cours du transport du lait qu'on laisse cailler ou geler dans des bidons sales et, enfin, pendant sa distribution alors que les laitiers le versent dans des bols et des seaux laissés sur les perrons... Les statistiques montrent que, avant l'implantation de l'œuvre de la Goutte de lait à Montréal au mois de février 1905, sur 100 enfants nourris au biberon, 90 mouraient avant d'avoir atteint l'âge de 12 mois. Douze ans plus tard, 92 pour cent des enfants nourris au sein dépassent l'âge d'un an.

Mères et enfants à la clinique de la Goutte de lait dans Hochelaga, à Montréal, vers 1950.

Les infirmières visiteuses

Les infirmières visiteuses travaillent soit pour le compte de compagnies d'assurance, soit pour les unités sanitaires de comtés qui ont été mises sur pied au milieu des années 1920. En plus d'initier les mères aux questions d'hygiène et de santé, ces femmes prennent littéralement le pouls des milieux où elles travaillent et contribuent à la prévention. En 1916, la Fédération nationale Saint-Jean-Baptiste avait soutenu la création de la Ligue des Petites Mères. Bientôt rattachée à l'œuvre de la Goutte de lait, la ligue enseignait l'abc du soin des enfants. En 1930, l'organisme prend le nom de Ligue d'hygiène infantile.

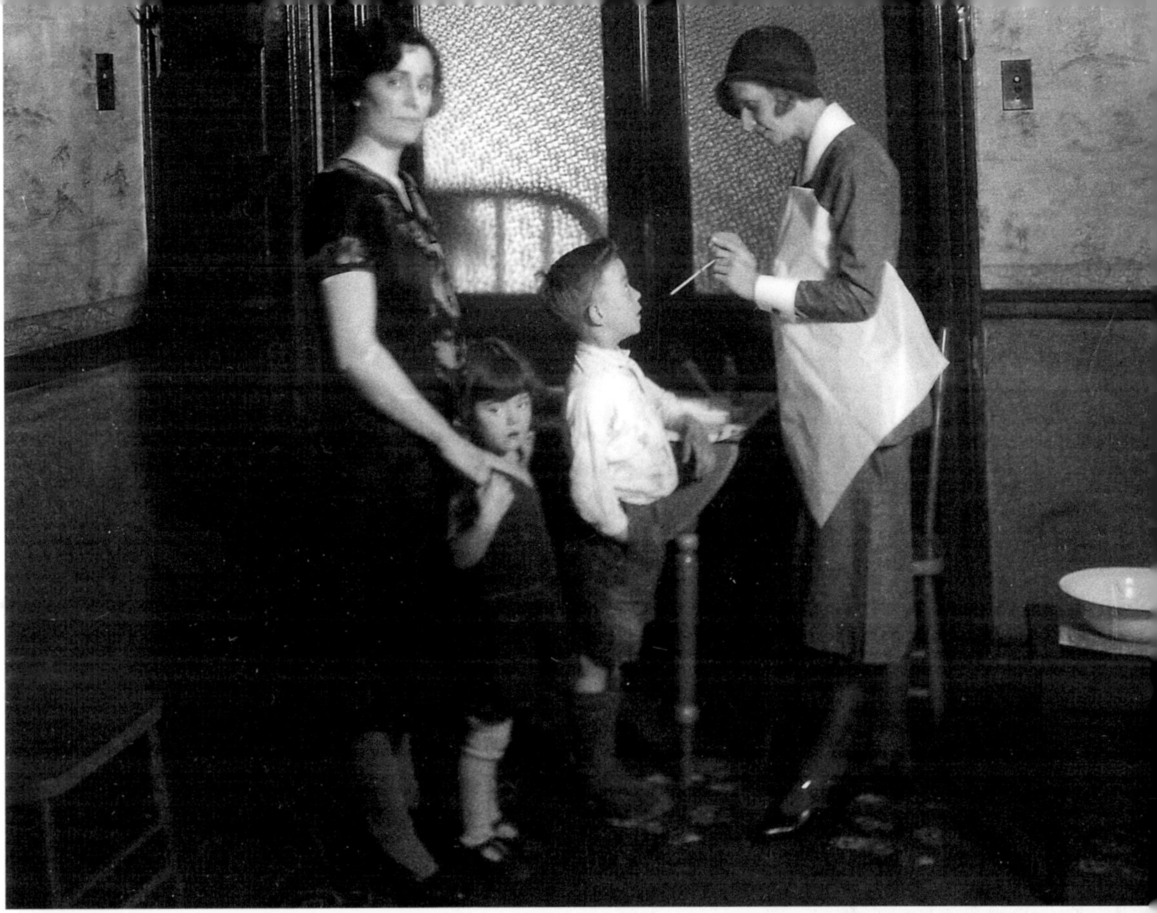

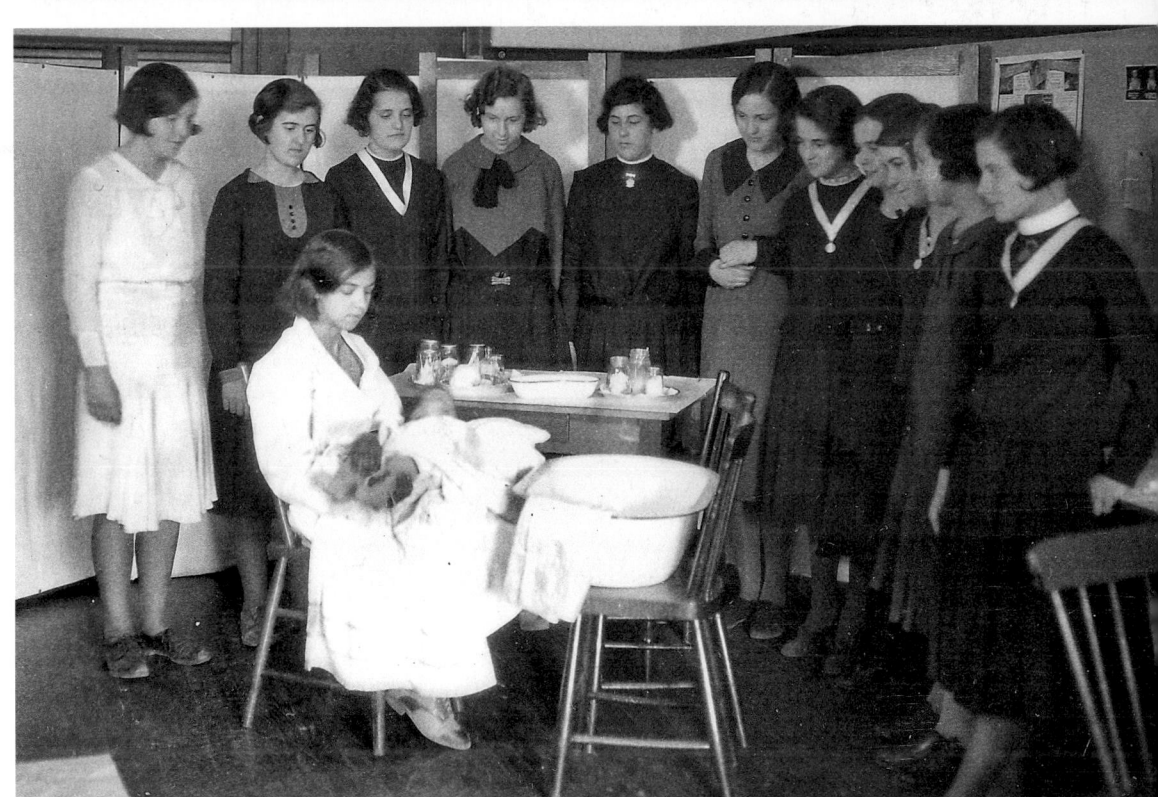

CI-DESSUS

En 1932, à Montréal, une infirmière prend la température d'un enfant.

CI-CONTRE

À Montréal, en 1932, avant leur tournée auprès d'accouchées, des infirmières ou travailleuses sociales sont initiées à la technique du bain du nourrisson.

PAGE PRÉCÉDENTE

Pesée d'un nourrisson lors d'une clinique de puériculture montréalaise en 1932.

La vaccination

Au mois d'août 1885, une épidémie de variole tue près de 250 personnes en une semaine. Honoré Beaugrand, maire de Montréal, appuyé par monseigneur Édouard-Charles Fabre qui se fait inoculer deux fois, impose la vaccination obligatoire. Bilan : une émeute, l'intervention de l'armée et l'hospitalisation forcée d'un enfant qui meurt dans des circonstances qui ne font honneur à personne. Mais le but recherché était atteint : le frein magistral aux épidémies qui sévissaient d'année en année entrait dans les mœurs. Une quarantaine d'années plus tard, la vaccination des enfants contre plusieurs maladies est devenue routinière. On combat la diphtérie,

«Séance de piqûres pour les bébés» à l'hôtel de ville de Dolbeau, au mois d'août 1932.

mortelle chez le quart des enfants atteints, la coqueluche, la rougeole, la variole, la diphtérie et d'autres, dont la poliomyélite qui a frappé au début du siècle et qui se manifeste à nouveau vers la fin des années 1940. En 1959, la poliomyélite guette encore une fois les jeunes. Des milliers de personnes se présentent aux cliniques ouvertes d'urgence partout au Québec pour y recevoir le vaccin Salk mis au point par l'Américain Jonas Edward Salk. Au Canada, 190 000 personnes ont été frappées par la polio et près de 2 000 d'entre elles ont souffert de paralysie.

Rendez-vous statutaire en puériculture, à la clinique Laurier, rue Laurier à Montréal, en mai 1933.

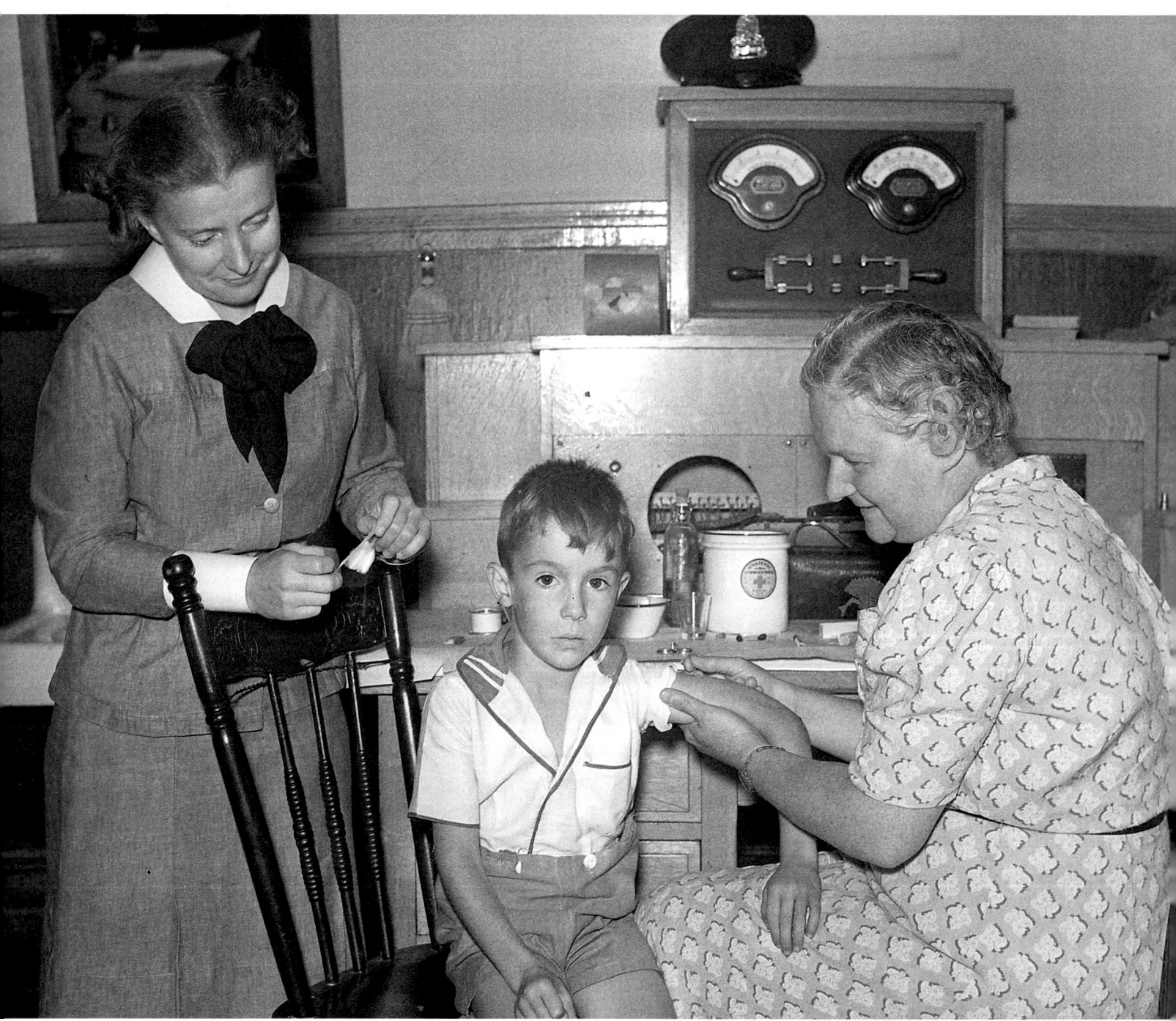

CI-DESSUS

Ici, quelques-uns des 8 135 Montréalais qui ont été vaccinés à l'Hôtel-de-Ville de Montréal, le 31 août 1959.

CI-CONTRE

La perte de sa mère, victime de tuberculose à l'âge de 40 ans, pousse Armand Frappier à traquer cette maladie. Diplômé de médecine de l'Université de Montréal, il se rend à l'Institut Pasteur de Paris où il travaille auprès d'Albert Calmette et Camille Guérin, chercheurs de l'Institut, qui expérimentent un vaccin contre la tuberculose, le bcg. En dépit d'une carrière qui exige sa présence à l'Institut d'hygiène et de microbiologie qu'il a fondé en 1938, Armand Frappier participe lui-même au dépistage ainsi qu'à la vaccination préventive. En 1946, il effectue une étude sanitaire portant sur les Amérindiens. On le voit ici à Manouane, procédant, en compagnie d'une infirmière, à la vaccination d'une Amérindienne.

PAGE PRÉCÉDENTE

Ici, le 19 août 1940, la docteure H. Drummond (assise) et une infirmière vaccinent un enfant au poste de police Botrel, dans Notre-Dame-de-Grâce, à Montréal.

Loisirs d'été

Dans les villes où les deux parents travaillent, la vie se déroule à peu près normalement pendant l'année scolaire, mais à la fin des classes, on ne sait pas quoi faire des enfants qui ne disposent pas de garderies ni de lieux pour s'amuser. Autour de Montréal, les berges du Saint-Laurent sont presque partout interdites aux baigneurs tout comme les profondes carrières à ciel ouvert où il s'en noie fréquemment. En 1917, le YMCA de Montréal ouvre le camp Oolahwan, à Sainte-Marguerite-du-lac-Masson, dans les Laurentides. C'est le premier camp de vacances pour jeunes filles au Québec. Dix ans plus tard, l'Œuvre des terrains de jeu (OTJ) comble en partie le besoin d'activités estivales qui restaurent la santé des jeunes en leur permettant de sortir occasionnellement des villes.

Pique-nique du YMCA de Verdun sur le bord du fleuve Saint-Laurent, à La Salle, sur l'île de Montréal, le 25 août 1943.

Vers 1960, les passagères d'un train du Canadien National débarquent à la gare de La Minerve, dans les Laurentides, pour une journée de détente au lac Chapleau.

Le soin des berceaux

En 1907, Irma Levasseur, originaire de Québec et diplômée en médecine de l'Université de Saint-Paul au Minnesota, séjourne à Montréal où elle cherche des appuis pour la création d'un hôpital pour enfants. La première Canadienne française spécialisée en pédiatrie rencontre d'abord Marie, femme de l'homme d'affaires J.-Rosaire Thibodeau, qui la dirige vers la femme d'un autre homme d'affaires d'envergure, Justine Lacoste, mariée depuis huit ans à Louis de Gaspé Beaubien. Le 30 novembre suivant, quatre jours après avoir reçu la visite de la docteure. Justine Lacoste orga-

Justine Lacoste-Beaubien au mois de juillet 1904, trois ans avant la fondation de l'hôpital Sainte-Justine. Elle a 30 ans. Elle a assumé la présidence de la corporation de l'hôpital Sainte-Justine jusqu'en 1966, s'y rendant tous les jours sans exception. Elle est décédée l'année suivante à l'âge de 90 ans. L'hôpital Sainte-Justine fonctionna sans déficit jusqu'en 1950, alors qu'il obtint une première subvention de Québec.

nise une rencontre entre Irma Levasseur et quelques amies. Le lieu de la réunion, le 644, de la rue Saint-Denis n'est pas choisi au hasard puisque c'est dans cette maison appartenant à Damien Rolland que le refuge des enfants malades verra le jour.

Justine Lacoste n'y assiste pas, mais il est entendu que si ses compagnes l'épaulent, elle et son mari soutiendront l'œuvre. Ces femmes et d'autres s'empressent de réunir quelques centaines de dollars. L'incorporation de l'hôpital Sainte-Justine est sanctionnée le 25 avril 1908. Le préambule indique que « le but de l'hôpital sera de recevoir, soigner et élever dans leurs maisons ou hôpitaux, les bébés et les enfants malades, nécessiteux ou autres, de quelque religion ou nationalité qu'il soit [...] »

Exception pour l'époque où les épouses vivent encore sous la tutelle du mari, les administratrices obtiennent du Parlement l'autorisation de gérer l'œuvre librement. Comme le nota Thaïs Lacoste, sœur de

Quand l'hôpital Sainte-Justine est fondé en 1907, les hôpitaux du Québec refusent de soigner les enfants de moins de deux ans. Dans les hôpitaux pour adultes catholiques et anglo-protestants, 120 lits sont à la disposition des malades âgés de deux ans et plus. Un dispensaire, embryon de l'hôpital Sainte-Justine, ouvre ses portes en 1907, rue Saint-Denis. L'établissement prend vraiment forme deux ans plus tard, après son transfert dans une vaste maison de la rue DeLorimier. Les interventions chirurgicales y sont effectuées sous chloroforme, les petits patients sont reçus en consultation au dispensaire et on y trouve une Goutte de lait très fréquentée.

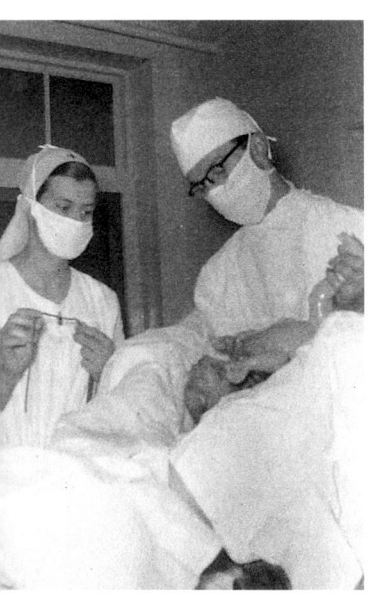

« Nous avons les deux palmes : celle de la vie et celle de la mort. En vain une nation procréerait-elle des milliers d'êtres : elle n'a rien fait pour survivre si elle n'a pas, du même soin jaloux, éloigné les atteintes de la maladie, retardé l'emprise de la mort. »
Édouard Montpetit

Justine, il y eut une lutte « engagée contre nous, les femmes, qui voulions la plus grande liberté pour travailler le plus efficacement possible à notre chère œuvre, et messieurs les hommes qui, jaloux de leurs droits, ne voulaient pas, sans se faire prier un peu, les partager avec nous... serait-ce même pour la charité ».

Presque toutes ces femmes portent un nom d'homme. Il s'agit de mesdames Raoul Dandurand, Lady Lacoste (mère de Justine), Alfred-R. Thibodeau, F.-L. Béique, A.-A. Thibodeau, F.-D. Monk, Damien Rolland, Louis Beaubien (belle-mère de Justine Lacoste), Arthur Boyer, Jos Leman, Eugène Tarte, C.-P. Beaubien,

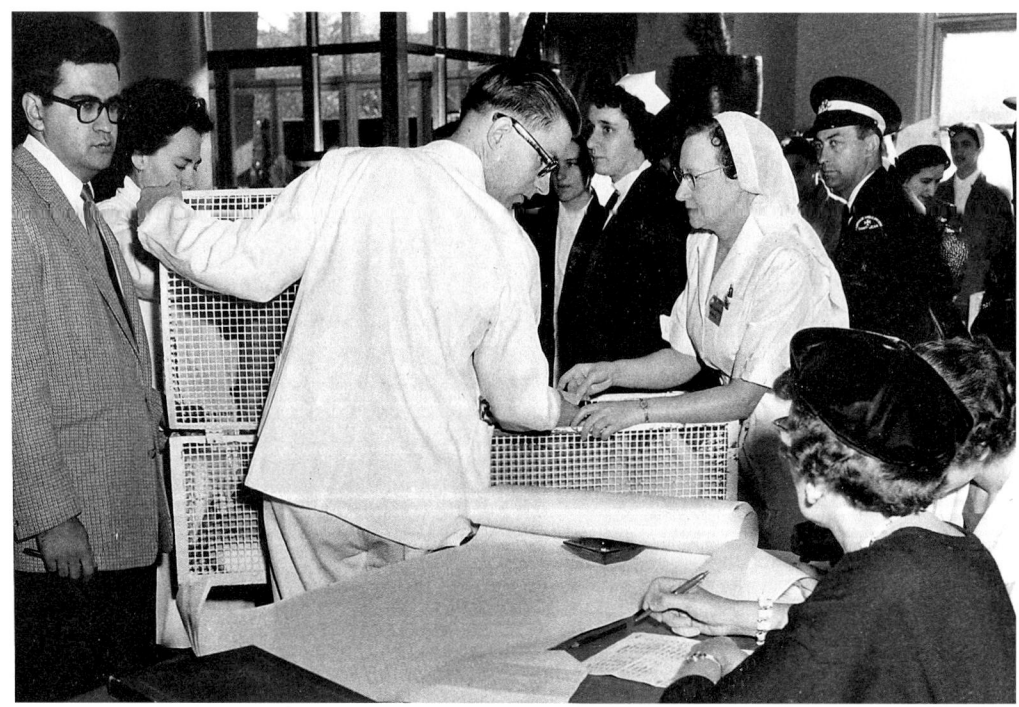

En 1913, l'hôpital Sainte-Justine emménage dans un immeuble neuf situé à l'angle des rues Saint-Denis et Bellechasse. À compter de cette époque, l'hôpital s'élève au niveau des institutions essentielles non seulement pour les Montréalais, mais pour l'ensemble de la communauté québécoise. Entre 1913 et 1954, plus de 1 600 000 enfants provenant de toutes les régions du Québec y ont été hospitalisés ou admis en consultation. En 1953, le gouvernement de Maurice Duplessis débourse 3 millions de dollars pour acquérir l'hôpital de la rue Saint-Denis, qui est abandonné quatre ans plus tard en faveur d'un bâtiment ultramoderne construit au coût de 30 millions de dollars à proximité de l'Université de Montréal, sur le chemin de la Côte Sainte-Catherine. Pour qu'il soit plus facilement accessible en situation d'urgence, une piste d'atterrissage pour hélicoptères a été aménagée sur son toit. L'hôpital a été officiellement inauguré le 9 novembre 1957. Ici, jeunes malades en déplacement à l'entrée du nouvel établissement. Pas moins de 35 ambulances ont été réquisitionnées pour la circonstance.

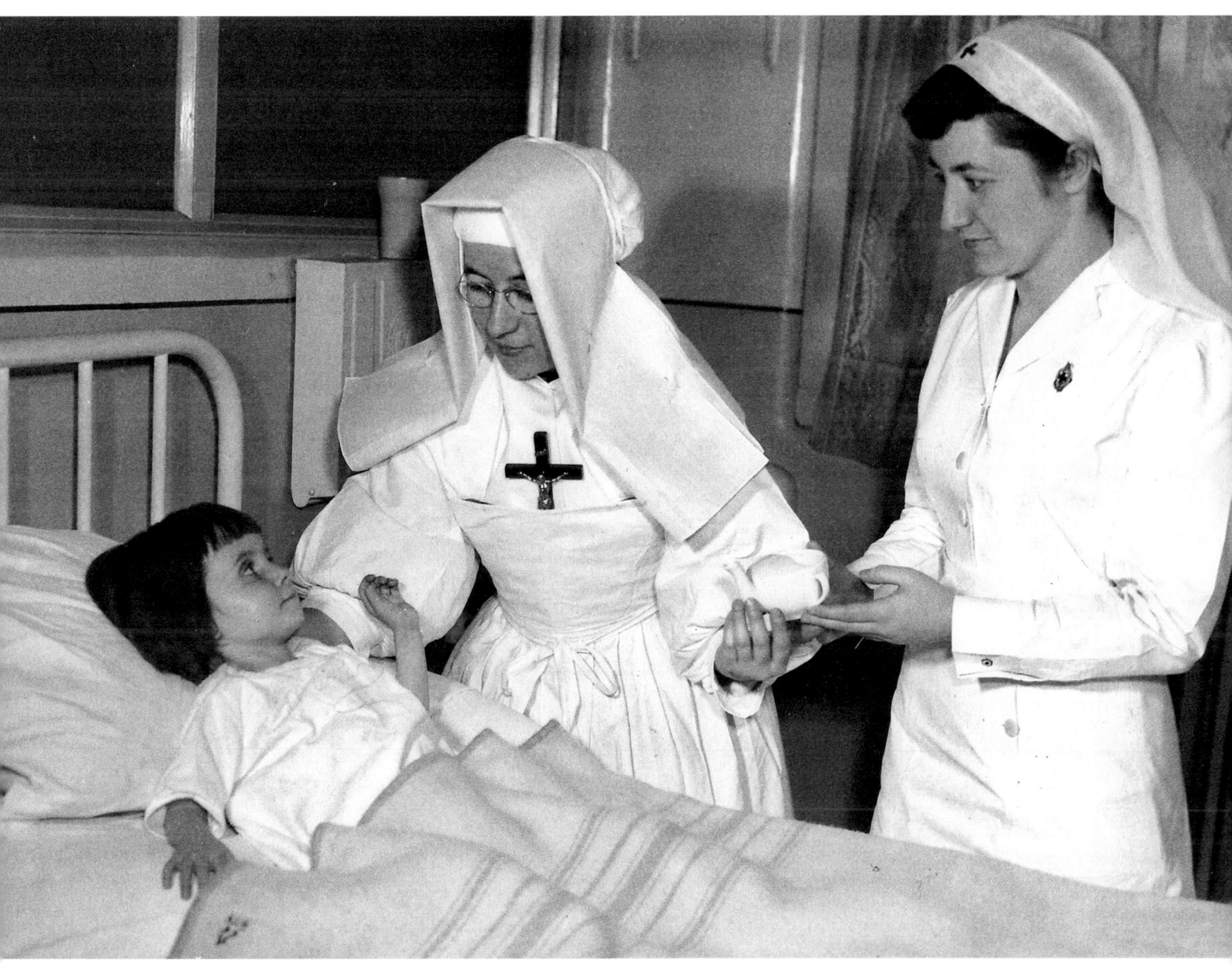

En 1910, des membres de la congrégation française des Filles de la Sagesse arrivent à Montréal pour participer à la croissance de l'hôpital Sainte-Justine. Elles se joignent au personnel laïc et aux bénévoles pour structurer l'école d'infirmières qui avait été créée dès l'ouverture du dispensaire de la rue Saint-Denis. Ici, en 1940, une Fille de la Sagesse au chevet d'une malade.

Le 20 octobre 1957, naissance de Justine, premier enfant né dans l'hôpital du chemin de la Côte Sainte-Catherine. S'il semble surtout avoir été inspiré par le prénom de la co-fondatrice de l'établissement, le nom de l'hôpital commémore plutôt celui d'une jeune chrétienne martyrisée sous Néron.

F.-X. Choquette, Jules Hamel, Arthur Berthiaume, Théodule Bruneau, G. Normand, J.-A. Leblanc, R. Masson, Henri Gérin-Lajoie (Marie Lacoste), Louis de G. Beaubien (Justine Lacoste), mesdemoiselles Euphrosine Rolland, May Boyer, Blanche Lareau et Thaïs Lacoste. Ne figure pas à l'acte d'incorporation, mais néanmoins active lors de la naissance de l'hôpital Sainte-Justine, madame Guy Papineau-Couture.

De son côté, Irma Levasseur refuse tout poste, préférant poursuivre son apostolat ailleurs, notamment à Québec où elle fonde l'hôpital de l'Enfant-Jésus en 1923.

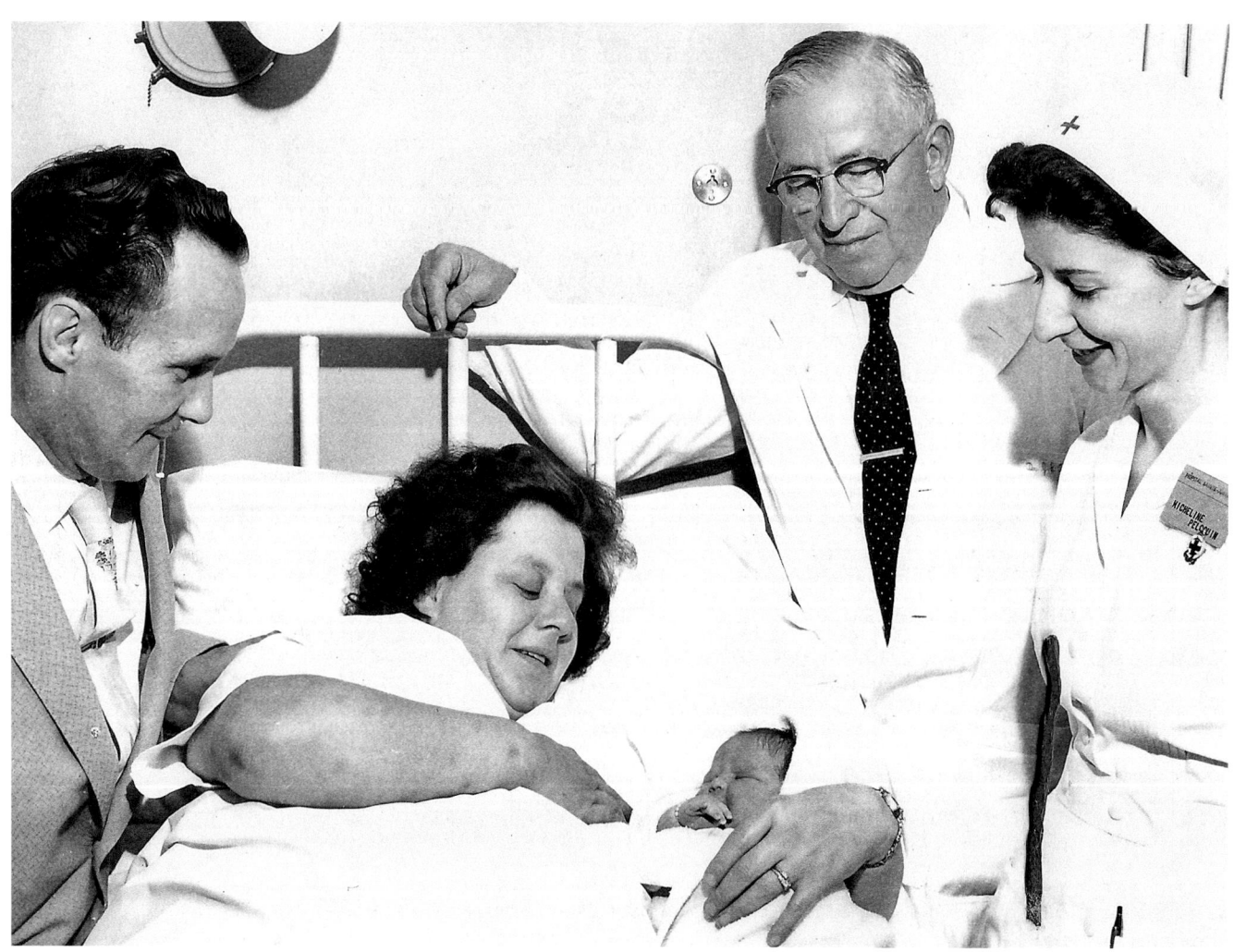

Au milieu du XXe siècle, les futures mères sont suivies en consultation prénatale dès les premiers mois de la grossesse. Ici, cours de gymnastique à l'hôpital Sainte-Justine, en 1959. Un prospectus paru à cette époque rappelle que, voulant protéger l'enfant, l'établissement veille sur lui, même avant sa naissance.

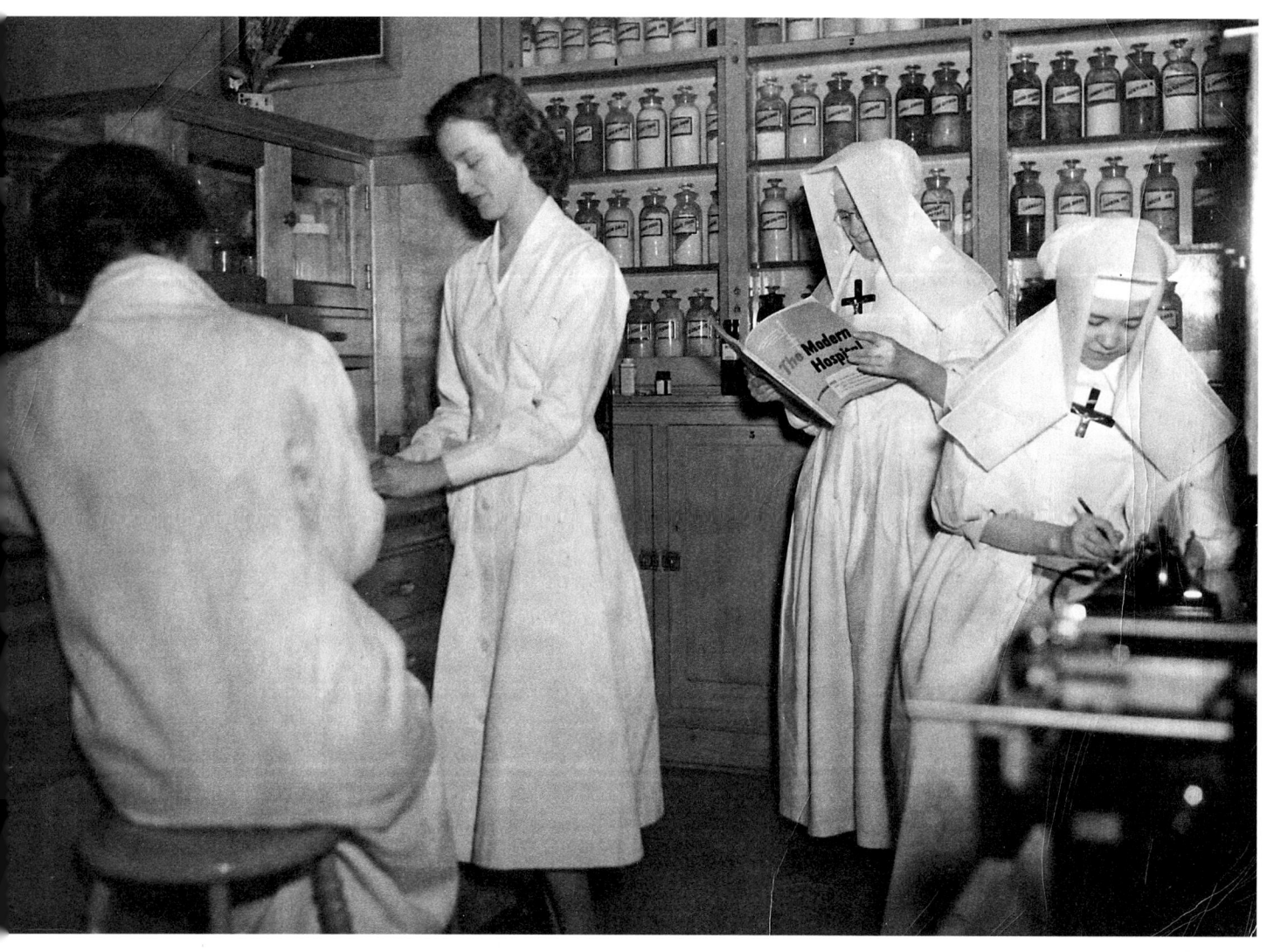

Membre de la communauté des Filles de la Sagesse, sœur Marie-Cyprien (à l'extrême-droite de la photo), qui manipule ici des produits pharmaceutiques, est, en 1938, la première femme à obtenir un permis d'exercice de la pharmacie au Québec. Née en 1912 à Sainte-Cécile de Masham, Marie-Alice Barnabé travailla pendant les 35 années suivantes comme infirmière et pharmacienne à l'hôpital Sainte-Justine, dont elle dirigea le service de pharmacie de 1938 à 1965.

CI-CONTRE

Poumon d'acier utilisé dans le traitement de victimes de la poliomyélite, à l'hôpital Sainte-Justine, vers 1960.

CI-DESSOUS

En 1942, l'hôpital Sainte-Justine se dote d'une première piscine destinée à la rééducation des enfants. Des thérapies par massage et gymnastique avaient été mises au point dès le milieu des années 1920 par une bénévole, Marie Hepworth.

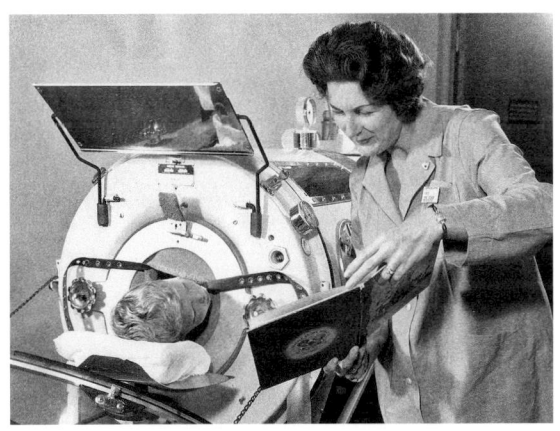

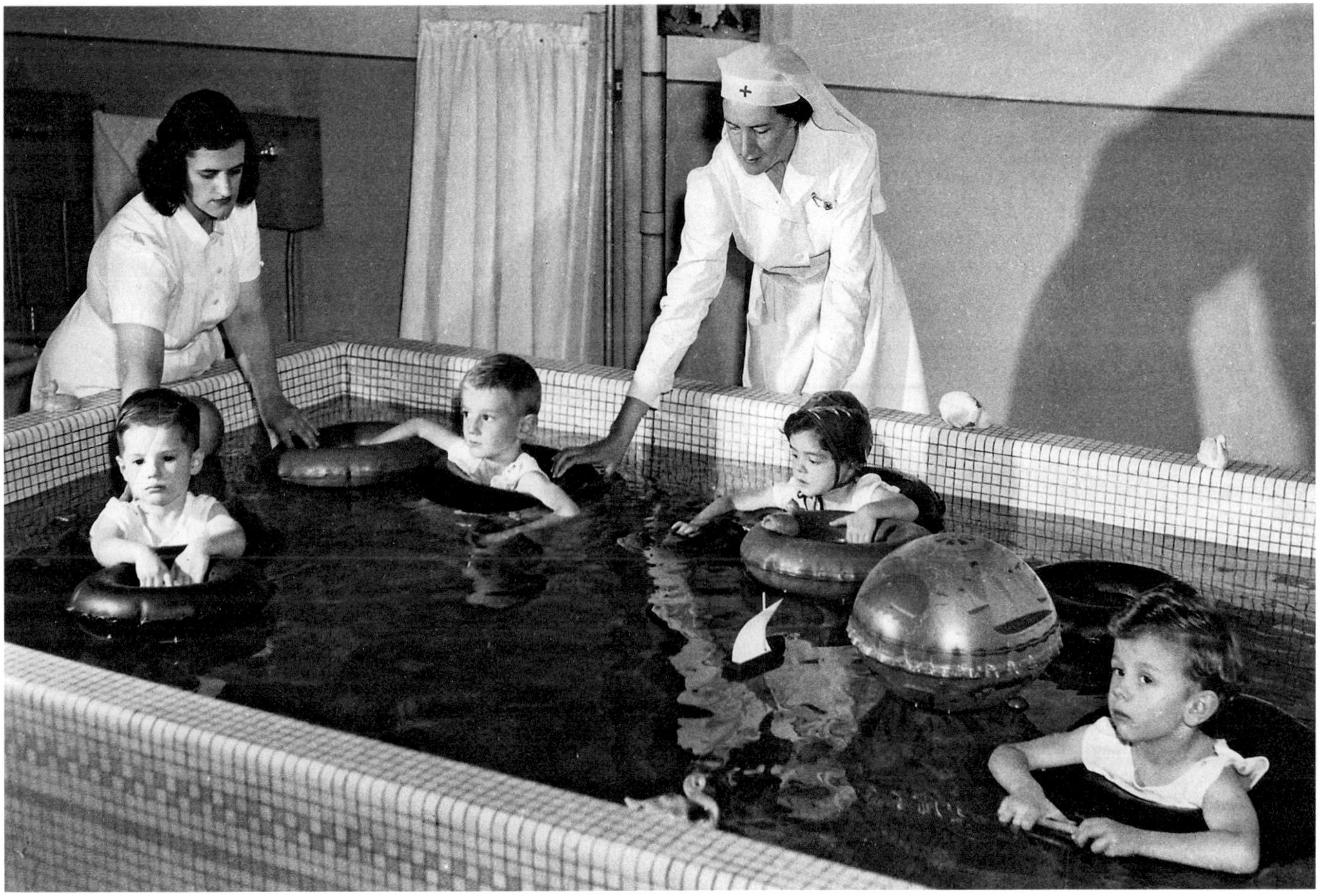

Les années d'apprentissage

Il n'existe aucune autre porte que l'école privée pour dépasser le niveau de l'école primaire. Les religieuses rivalisent entre elles et vantent la qualité, le nombre et le genre de matières enseignées dans leur circuit. Ici, un cours de dessin dispensé en 1899 au couvent des Ursulines de Trois-Rivières.

Avant l'autobus scolaire, le char à bœuf. Écoliers et leurs maîtresses d'école à Windigo, en Mauricie, en 1927.

À LA VEILLE DE LA RENTRÉE DES CLASSES, la fillette n'a qu'une ambition, devenir grande. Aussi grande que ses sœurs, si elle en a. Ou aussi grande que ses cousines car, pour peu qu'elle soit née dans une famille nombreuse, sa parenté foisonne de modèles féminins. À titre d'exemple, choisissez une petite fille née à la campagne avant 1950 ; une fillette dont chacun des deux parents est issu d'une famille de 10 enfants. Présumons que ces 20 personnes se soient toutes mariées et que les couples ainsi formés aient eu seulement cinq enfants. La fillette nage déjà dans un bassin d'une centaine de personnes. Autour d'elle, vivent plusieurs femmes et filles dont la particularité est d'être semblable quant à la prévisibilité de l'avenir qui doit passer par le mariage. Du moins, c'est ce qu'il est permis de croire aussi longtemps que la Révolution tranquille n'aura pas offert l'éducation à toutes et à tous.

En Nouvelle-France, on favorisait la formation des filles dont le niveau d'instruction était égal sinon supérieur à celui des garçons. Les maîtres étaient rares, mais les éducateurs ambulants qui partageaient le terrain avec les communautés religieuses enseignaient à lire, à écrire et à compter. On pensait qu'avec des notions de calcul, la tête des jeunes était assez bien meublée pour qu'ils puissent fonctionner adéquatement en société. Contrairement aux garçons qui apprenaient un métier dans les écoles d'arts et métiers ou par l'apprentissage, on transmettait aux filles, qui avaient la chance de fréquenter les écoles, diverses notions adaptées à leur nature ou à leur vocation : bonnes manières, filage du fil et de la laine, broderie, tricot et cuisine. Presque partout dans le monde occidental, la mécanisation de ces activités et l'industrie de la mode se sont chargées de folkloriser un doigté féminin millénaire.

En 1942, accueil à l'école Saint-Joseph qui dessert les paroisses de Palmarolle et de Sainte-Germaine-Boulé, en Abitibi.

Même si l'école primaire est relativement accessible au Québec après 1842, alors qu'entrent en scène un premier surintendant de l'Instruction publique et

L'intérieur de l'école de mademoiselle L'Anglais, de Bonaventure, qui pose, en 1912, parmi les plus âgés de ses élèves.

des commissaires, elle n'est pas très populaire chez les parents qui la boycottent en l'ignorant. Ils ont les taxes scolaires en horreur. Ils refusent de se priver de leurs enfants pour les travaux aux champs ou à l'usine, et on les incite à croire que l'éducation via un système imposé par le gouvernement est un instrument d'assimilation. De plus, les maîtres et les maîtresses sont eux-mêmes peu instruits et ils n'ont pas été formés pour exercer leur fonction.

Cette répugnance a son écho jusqu'au Parlement où les députés s'opposent systématiquement aux tentatives de quelques esprits éclairés, pressés de faire reculer l'ignorance et l'illettrisme de la population. En 1920, tout en défendant le principe d'une éducation nationale sous contrôle de l'Église, monseigneur

Louis-Nazaire Bégin, évêque de Québec, déplore l'état lamentable de l'éducation : « Parce que c'est l'ignorance qui a sauvé autrefois notre peuple de l'assimilation, on s'obstine encore à vouloir nous y conserver comme des cornichons dans le vinaigre. On ose dire publiquement qu'il suffit à un Canadien français de savoir son catéchisme et les éléments de calcul. »

Les campagnes en faveur de l'instruction publique obligatoire échouent jusqu'au 6 mai 1943, alors que le projet de loi 7 est adopté. Sanctionnée vingt jours plus tard, la loi impose un changement de mœurs dès la rentrée d'automne puisque garçons et filles devront fréquenter l'école jusqu'à l'âge de 14 ans.

Publiquement, on n'a pas fait de distinction entre l'intelligence des filles et celle des garçons, mais des débats ont fait du bruit. Ils concernaient l'âme et le cerveau des filles dont, le plus sérieusement du monde, on avait mis en doute l'existence ou la capacité. Plusieurs entretinrent le doute quant à la nécessité de les faire instruire. Ils cultivèrent également des certitudes de la population quant aux dangers résultant d'une instruction trop poussée. Ainsi, on disait qu'une fille trop instruite refuserait le destin façonné pour elle par des siècles de sujétion. On condamnait d'avance les mères qui permettaient à leurs filles de lire et de découvrir de quoi, hors de la grande filature, le monde réel était fait.

Visite du révérend April à la petite école de mademoiselle L'Anglais, à Bonaventure, en Gaspésie, en 1912.

Pour qu'elles puissent enfin grandir et se voir autrement que dans le modèle séculaire de la mère canadienne-française, bonne, aimante et paralysée par une ignorance glorifiée pour qu'elle s'y enlise, on a enfin accepté que les filles de cette généreuse femme fréquentent la petite école. Certaines ont pu aller au couvent et les plus chanceuses ont pu mettre le pied dans les rares institutions religieuses accréditées auprès des universités catholiques de Montréal et de Laval. Pendant qu'ailleurs on payait les frais scolaires avec une corde de bois, ces fillettes et celles-là seulement savaient que les portes du haut savoir leur seraient un jour ouvertes. ◉

À la petite école

En 1840, moins de cinq pour cent des enfants du Québec fréquentent l'école. Cinq ans plus tard, malgré les peurs d'assimilation des Canadiens français par leurs compatriotes d'origine britannique, on compte près de 3 500 petites écoles à travers le Québec. La population ayant été entraînée à se méfier de l'éducation, leur multiplication est lente, car une majorité d'enfants la fréquentent sur une base volontaire.

Classe de filles à Château-Richer, sur la Côte-de-Beaupré, en 1920.

Pendant qu'en 1891, l'Ontario établit le principe de l'instruction obligatoire, le Québec persiste à favoriser une éducation modérée pour ses enfants, estimant que l'apprentissage des codes religieux et sociaux, le calcul, l'écriture et la lecture conviennent à la classe ouvrière et agricole. En 1950, sept ans après que la loi obligeant les enfants à fréquenter l'école jusqu'à l'âge de 14 ans ait été adoptée, le quart de la population du Québec était analphabète.

À l'école de rang de Courcelles, en Beauce vers 1920. En plus d'apprendre les matières obligatoires, les garçons rentraient le bois de chauffage, puisaient l'eau et pelletaient l'entrée de l'école en hiver. Les filles lavaient le tableau noir et faisaient le ménage de la classe. Les plus âgées d'entre elles épaulaient la maîtresse d'école dans le rôle de tutrices auprès des écoliers plus jeunes.

CI-DESSUS

À l'entrée de l'école de Templeton, maintenant Gatineau, en Outaouais, en 1938.

CI-CONTRE

Endimanchés pour le début ou pour la fin de la saison scolaire, les écoliers de l'école du Sacré-Cœur de la Pointe Saint-Charles de Montréal, vers 1910.

Au couvent

Depuis Marie de l'Incarnation qui instruisit les Amérindiennes et les petites Françaises, la ville de Québec puis celle de Trois-Rivières ont très tôt profité de la rigueur et de l'élégance d'un couvent des Ursulines, la plus prestigieuse maison d'enseignement privée pour filles qui soit. Plus proche des prolétaires, Marguerite Bourgeoys créa son école dans une étable, mais ses filles de la Congrégation de Notre-Dame essaimèrent rapidement hors de Montréal pour poursuivre l'œuvre de la fondatrice dans les villages. Cette initiative inquiéta l'ingénieur français Louis Franquet qui la dénonça en ces termes : « Ces sœurs, écrit-il dans la relation d'un séjour effectué au Canada en 1752 et 1753, sont répandues le long des côtes, dans les seigneuries où elles ont été attirées pour l'éducation de jeunes filles ; leur utilité semble être démontrée,

Ici, en 1927, élèves de l'externat de Shawinigan ouvert par les Ursulines de Trois-Rivières après 1908.

mais le mal qui en résulte est comme un poison lent qui tend à dépeupler les campagnes, d'autant qu'une fille instruite fait la demoiselle, qu'elle est maniérée, qu'elle veut prendre un établissement à la ville, qu'il lui faut un négociant et qu'elle regarde au-dessous d'elle l'état dans lequel elle est née. Mon avis serait de ne souffrir aucun établissement nouveau de ce genre et même, s'il est possible, de faire tomber ceux qui subsistent, afin d'obliger les enfants à se contenter de l'instruction de leur curé pour la religion et de ne prendre aucun principe qui les détourne du travail de leur père ; par ce moyen, les habitations augmenteront au lieu de diminuer et la culture des terres se poussera avec plus de vigueur. » Au début du XXe siècle, on compte des couvents et externats pour filles dans près de deux cents villes et villages du Québec.

L'enseignement du dessin, du chant et de la musique dans les couvents québécois est dénoncé par certains qui préféreraient que l'accent soit mis sur des matières plus conformes au rôle féminin traditionnel. Ces établissements répondent toutefois rapidement aux besoins du milieu des affaires qui, dès le début du XXe siècle, réclame des travailleuses capables d'exécuter des tâches de secrétariat, de dactylographie et de tenue de livre.

En 1860, les révérendes Sœurs des Saints Noms de Jésus et de Marie inaugurent le couvent d'Hochelaga dont les élèves proviennent de Montréal et de la région. Ici, un groupe de couventines photographiées vers 1900.

Finissantes et distribution de prix de fin d'année vers 1910.

Distribution des prix aux écolières du cours primaire du couvent des Ursulines de Trois-Rivières.

Cécile Bernier, devant la maison familiale de Courcelles, en Beauce, en 1948.

Élèves et professeurs du couvent Saint-Joseph à Saint-Vallier, à Québec, en 1938.

Élèves des Ursulines de Trois-Rivières posant avec la courte panoplie de jeux qu'elles pratiquent sous la supervision des religieuses.

En ville

Jusqu'à la Révolution tranquille, les filles des villes fréquentent des écoles pour filles et les garçons des écoles qui leur sont réservées. Les matières qu'ils étudient diffèrent. Le rapport Parent, déposé à compter de 1966, préconisera à ce sujet que l'éducation dispensée aux enfants des deux sexes soit identique. Dès lors, la gratuité est acquise pour tous et des dizaines d'écoles neuves, y compris d'immenses écoles régionales pouvant accueillir des milliers d'écoliers, sont construites à travers le Québec.

Classe de 4e année de mademoiselle Anne-Marie Morneau à Saint-Jean-Port-Joli.

Réunion des membres de la Jeunesse ouvrière catholique au couvent de Mistassini, en 1945. Fondée vingt ans plus tôt en Belgique dans le but de stimuler la pratique religieuse, la JOC est transplantée au Québec en 1932 avec des sections féminines et masculines.

Chaque classe de l'école de la Nativité d'Hochelaga élit sa reine du catéchisme. À l'issue du concours final, une reine est élue. Ici, la reine du catéchisme et ses duchesses, au mois de mai 1954.

Lauréats! Une classe du St. Patrick High School de Shawinigan, en 1959.

Les garderies

Au milieu du XIXe siècle, des bénévoles et des communautés religieuses créent des refuges aussi appelés asiles et jardins d'enfance où sont accueillis des enfants trop jeunes pour fréquenter l'école. La plupart des mères qui les y conduisent occupent un emploi à l'extérieur du foyer. La fréquentation des asiles est gratuite et, de plus, leurs animatrices suppléent aux carences supposées du milieu familial en dispensant l'instruction religieuse aux enfants qui sont également soumis à la discipline et à l'obéissance. Les garderies publiques apparaissent peu après le début de la Deuxième Grande Guerre, quand les autorités civiles incitent les femmes à s'impliquer dans l'industrie en y remplaçant les hommes qui se sont enrôlés. À la fin du conflit, elles sont invitées à rentrer chez elle et, pour que le message soit bien entendu, les garderies publiques sont fermées. La création de la Fédération des femmes du Québec, au mois d'avril 1966, ramena dans l'actualité le sujet des garderies subventionnées que l'Office des services de garde du Québec, créé en 1979, rendra possible.

Au mois de juin 1859, la communauté des Sœurs de la Charité, ou Sœurs Grises, inaugure l'asile Saint-Joseph. À l'avant-plan de cette photo d'enfants sages, prise vers 1900, deux enfants se reposent.

CI-DESSUS ET CI-CONTRE
Garderie du YMCA de Montréal, en 1950.

Élèves du jardin d'enfance des Sœurs de la Providence, dans le quartier Hochelaga, à Montréal, en 1941.

Joyce Bond, à la garderie, en 1940.

Hors de l'école

Initiation au jardinage au jardin botanique de Montréal, en 1940, une activité mise sur pied de concert avec le YMCA.

En 1931, le frère Adrien Rivard, de la société canadienne d'histoire naturelle, crée le cercle des jeunes naturalistes dont les activités sont conçues pour les écoliers des cours primaire et secondaire. Ici, initiation à l'éradication de l'herbe à poux, à Lachine.

Initiation à la faune au pavillon des jeunes naturalistes de Terre des Hommes, en 1969.

Au mois de juin 1946, après avoir tout appris sur l'origine et la transmission de la voix par téléphone, des écolières de 6ᵉ année B de l'école Baril défilent dans les rues du quartier Hochelaga, à Montréal.

Après la guerre, plusieurs parents investissent dans des cours privés de diction, théâtre, chant et musique. Ici, élèves de l'école de Fernande Émery participent à l'émission de leur professeur sur les ondes de la station de radio CHLP, le 15 mai 1947.

Heureuses. Sur la patinoire de la ruelle Devost, à Rivière-du-Loup, dans le Bas-Saint-Laurent, vers 1910.

Chasseresse. Louise Fortin posant, au mois de septembre 1954, devant l'ours noir et l'orignal exposés sur la voiture d'Alcide Fortin, devant l'auberge Louvicourt, à Val d'Or, en Abitibi.

Bravo !

Au début du XXe siècle, l'ennemi des catholiques canadiens-français est l'oisiveté. Les temps libres n'étant guère tolérés que les dimanches, les sports destinés à l'adolescente n'existent tout simplement pas. Ainsi, pendant que les garçons sont invités à acquérir des habiletés viriles, à lutter et à se montrer solidaires dans des contextes d'affrontement, les activités permises aux filles sont récréatives, pacifiques, simples et pastorales. Elles courent en jouant à la cachette ou à des épreuves de vitesse, sautent à la corde, jouent à l'élastique, patinent l'hiver sur les cours d'eau et sur les patinoires entretenues par le père. Exceptionnellement, elles peuvent accompagner les adultes et partager leurs activités de canotage ou de pêche. De plus riches jouent au tennis, au criquet mais, à de rares exceptions près, ces sports n'ont pas pénétré les milieux canadiens-français. Le 16 novembre 1927, alors que les liens entre l'exercice et la santé sont incontestables et que les palestres sont créées pour les hommes, le pape Pie XI qualifie d'immoral le fait que des cours d'éducation physique soient dispensés aux femmes. À Montréal, les adolescentes d'origine britannique profiteront des avantages de l'exercice et d'activités conçues pour elles par les YMCA et, ailleurs en région, par le scoutisme féminin.

Au risque de se répéter cent fois, la petite fille ou l'adolescente a le devoir d'être propre et pure. Son comportement doit être à la hauteur des aspirations de ses parents. Elle doit leur faire honneur.

Dubitatives. Dans les rangs de Saint-Alexandre de Kamouraska, vers 1925, pour la publicité du tabac Marianne.

Immaculées. À remarquer, les pierres qui encadrent l'allée conduisant à la maison.
Les travaux d'embellissement sont du ressort des filles.

Tant qu'elle ne sera pas casée, mariée, la réputation des parents et la sienne sont en jeu. Brebis, tout contact avec les loups lui est interdit. Il est impossible, dans un tel contexte social, de lui permettre d'aller jouer au baseball. Elle n'est pas davantage autorisée à tenir un bâton de hockey. Non! Jusqu'à ce que la bicyclette, qui est d'abord un véhicule, lui permette de se soustraire au regard de la mère inquiète et soupçonneuse, l'adolescente est censée s'amuser en regardant les garçons jouer.

Comment d'ailleurs pourrait-elle se permettre de les suivre sans montrer un rien de peau? Cet être vit en robe ou en jupe car le pantalon symbolise l'émancipation féminine et, jusqu'au début des années 1960, il est déconseillé d'en vêtir les filles sages. Elle vit donc en robe, mais plus elle grandit, plus elle cache de peau. Surtout en été. À dix ans, elle ne montre que la moitié de ses bras. Les encolures sont au ras du cou et des bas longs ou trois-quarts couvrent une partie ou la totalité de ses jambes. C'est l'époque où elle va à la messe gantée et la tête couverte d'un chapeau, d'un bandeau ou d'un petit voile...

Complices. Lina d'Anjou, Liliane Chénard, Marie-Paule St-Pierre, Lucienne Chamberland, Gabrielle et Jeanne St-Pierre, pique-niquant dans la région de Rimouski, le 26 juillet 1928.

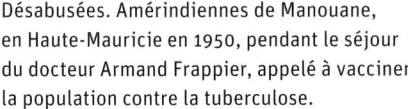

Désabusées. Amérindiennes de Manouane, en Haute-Mauricie en 1950, pendant le séjour du docteur Armand Frappier, appelé à vacciner la population contre la tuberculose.

Bain de soleil dans un parc montréalais pour Robina Robinson et Eleonor Reid, en 1940.

Françoise Raymond, Kay Hall et June Tyler, lors du Alpine Inn Horse Show tenu à l'hôtel du même nom, à Sainte-Marguerite-du-lac-Masson dans les Laurentides, à la fin de l'été 1940.

La société canadienne-française observe avec méfiance les jeunes filles qui pratiquent des sports. Elles dilapident, dit-on, un temps précieux qui pourrait autrement être consacré à des œuvres pieuses ou sociales. Ici, le 12 septembre 1940, session de tir à l'arc pour Eileen Greenwood et Peggy Reilly.

CI-DESSUS

Badminton au YMCA de Westmount, en 1940.

CI-CONTRE

Gymnastique au YMCA de Westmount.

CI-DESSUS

Quand les premiers bains publics sont créés à Montréal, à la fin du XIXe siècle, leur fonction est surtout hygiénique, car près de 75 pour cent des maisons des quartiers où ils sont situés sont privées d'installations sanitaires. Ces problèmes s'estompant, les bains publics construits comme celui-ci, après la Deuxième Grande Guerre, sont principalement destinés aux loisirs familiaux. Les bains mixtes n'y sont pas autorisés. Ici, file d'attente devant le bain Rosemont vers 1960.

PAGE SUIVANTE

Spectacle de nage synchronisée et de voltige dans un bain public montréalais, vers 1950.

Séance de gymnastique en plein air à l'Université McGill.

J'me marie, j'me marie pas, j'fais une sœur

Sœurs Sainte-Augustine et Sainte-Marguerite Maure de la communauté des Sœurs de la Miséricorde de Jésus, dans la pharmacie de l'Hôtel-Dieu Notre-Dame-des-Neiges inauguré à Gaspé, en 1927.

Religieuses accompagnant le cardinal Jean-Marie Rodrigue Villeneuve, archevêque de Québec, dans une visite de l'île-aux-Grues et de l'île-aux-Oies, en 1939.

Voilà la troisième année, la sixième ou la neuvième année d'école accomplie. Que devenir ? Quoi faire en attendant le mariage ? Depuis longtemps, en petits cercles d'intimes, les petites filles effeuillent les marguerites en se demandant ce qu'elles feront en attendant de se marier. À l'écart, moins enclines à se confier, car on se moquera peut-être d'elles, certaines refusent cet état. Elles pensent au célibat, qui les maintiendra loin des grossesses à répétition, tout en leur permettant d'exercer des professions qui suscitent le respect et l'admiration : infirmières ou institutrices. D'autres songent à la vie religieuse, comme à une vocation grandiose. Dans cet état, l'oubli de soi a un sens. On travaille pour le plaisir de Dieu en exerçant des tâches non rémunérées identiques à celles des célibataires avec, en plus, la possibilité d'aller en mission au pays ou ailleurs dans le monde.

En 1922, on découvre de l'or en Abitibi. Trois ans plus tard, un prêtre, Albert Pelletier, qui a exercé son ministère dans le Nord Ontario, débarque dans un *no man's land*, la future ville de Rouyn, qui sera fondée en 1926. Il est bientôt suivi par quatre Sœurs Grises de la Croix. La vie de brousse débute pour celles que l'on voit ici, devant la tente-chapelle que le missionnaire a planté sur le site de Rouyn. Un an après leur arrivée, les religieuses ont jeté les bases de la première école paroissiale et de l'hôpital Saint-Albert de Rouyn.

À la campagne, les emplois qui s'ouvrent aux jeunes filles en attente de se marier sont rares. Les quelques entreprises existantes étant familiales, les filles sont embauchées comme ouvrières de ferme, bonnes dans les couvents ou chez les notables, comme dames de compagnie ou autre. Si elles ne trouvent pas d'emploi autour de chez elle, elles partent pour la ville où des tantes, des cousines et des sœurs les guident vers un logis, souvent une chambre meublée, et un emploi mal rémunéré. Modérément instruites, bien formées auprès de leur mère, ces jeunes filles sont recherchées pour leur jeunesse car on peut les dresser aux tâches qu'on leur destine. Endurantes, patientes et perfectionnistes, elles seront domestiques dans les beaux quartiers et dans ceux qui le sont moins. Ce travail journalier est généralement humiliant, épuisant, répétitif et mal rémunéré.

Les caractéristiques du travail à l'usine sont les mêmes, à ce détail près que nombre d'ouvrières fonctionnent dans des contextes d'insalubrité où leur santé

Embarquement de religieuses à destination de la Côte-Nord, en 1947.

est mise en péril. Elles et leurs confrères les plus jeunes sont fréquemment victimes de mauvais traitements. Quant aux salaires, il faut attendre la syndicalisation des ateliers d'usines pour que régressent les mesures patronales arbitraires telles que les retenues de salaire et les mises à l'amende qui avaient, entre autres effets, d'endetter le travailleur envers son employeur.

Les voies de l'emploi traditionnel n'étaient pas plus inspirantes sauf que les femmes touchaient un peu d'argent pour leur peine. Avant le XXe siècle, il fallait de bonnes raisons pour prétendre en gagner. On admettait du bout des lèvres que l'état de travailleuse pouvait convenir aux veuves, aux femmes d'estropiés ou aux orphelines ainsi qu'aux jeunes femmes forcées à jouer le rôle de soutien de famille. C'est pour ces femmes et mères « nécessiteuses » que les asiles et refuges pour enfants avaient été créés. L'État ne prodiguait aucun secours à ses démunis, tout allègement aux désagréments de la pauvreté reposant sur le bon vouloir des communautés religieuses et institutions de charité, ainsi que de donateurs et de bénévoles qu'on invitait à « adopter » une ou plusieurs familles.

Moment de recueillement dans un hôpital, en 1877.

En 1900, alors qu'un travailleur sur vingt est une femme, le travail des femmes est décrit comme étant un « mal social ». Trente ans plus tard, alors que leur nombre est à la hausse, la définition est identique, un auteur prétendant même qu'un travail de bureau qui exige « une sérieuse attention ou application d'esprit » peut causer « à la femme, lorsqu'il se prolonge, un excès de fatigue qui épuise ses nerfs et peut finir même par en faire une neurasthénique ». Raison pour laquelle ces emplois recherchés et lucratifs devraient être réservés aux hommes. En 1933, reflétant l'esprit de l'époque, Camillien Houde, maire de Montréal, inclut la présence des femmes sur le marché du travail parmi les principaux déclencheurs de la crise économique.

Sœurs de la Congrégation de Notre-Dame photographiées sur l'île des Sœurs avec l'attelage des chiens Prince et Poppy.

Au milieu du XXe siècle, un travailleur sur trois est une femme et on défend encore l'iniquité salariale. On s'appuie sur le fait qu'une majorité d'hommes a de plus grandes responsabilités familiales que les femmes et que, par conséquent, l'écart entre les salaires s'impose! Au début du siècle, la femme au travail était majoritairement célibataire et elle occupait un emploi en attendant... Un demi siècle plus tard, plus du tiers des travailleuses sont mariées. La femme travaille par goût et tend à vouloir conserver son emploi même après le mariage. Son objectif est clairement exprimé : économiser, hausser le niveau de vie du couple qu'elle vient de former et s'élever pour de bon au-dessus de la condition de ses parents. Elle s'est détournée du travail domestique au profit des métiers traditionnels ainsi que des emplois de bureau, de vendeuse, de téléphoniste, de télégraphiste, de buandière et autres.

S'il lui arrive parfois de regarder par-dessus son épaule et de s'imaginer en femme de carrière, elle sait très bien que son devoir est de transmettre ce rêve à sa fille. ◉

Sœurs de la sagesse de l'hôpital de Saint-Sauveur de Val-d'Or, à leur grotte, en 1958.

Repas d'adieu avant l'entrée dans la communauté des Sœurs des Saints-Noms de Jésus et de Marie, en compagnie de Paul-Émile Léger, alors vicaire général du diocèse de Valleyfield, vers 1945.

Sœurs de la Congrégation de Notre-Dame posant, vers 1950, près de La Terésita, le yacht à bord duquel elles font la navette entre l'île de Montréal et l'île des Sœurs, où se trouve leur ferme.

Entrer en religion...

Comme près de 90 % des Canadiens français parmi lesquels elles ont vu le jour, elles ont grandi dans la foi chrétienne et dans les principes mis de l'avant par l'Église et par le clergé catholiques qui préconisaient l'éclosion de personnalités souples et influençables. Transposées à l'intérieur de la famille, ces vertus s'épanouissaient, pour les filles en particulier, dans la charité, l'entraide et l'oubli de soi. Le métier, l'orientation, et, pour tout dire, la vocation qui s'imposait ensuite à nombre de filles et de garçons les propulsaient vers la pratique permanente de ces vertus, soit l'entrée en religion. Dans ce cadre, l'amour de Dieu aidant, des œuvres plus grandes les attendaient.

À l'aube de la Révolution tranquille, près de 60 000 Canadiens français appartenaient aux quelque 189 communautés religieuses existantes. De ce nombre, près de 45 000 étaient des femmes réparties parmi une centaine de communautés actives sur le territoire québécois, dans l'Ouest canadien et ailleurs dans le monde. Obligées depuis la nuit des temps à faire œuvre utile et même essentielle, les communautés avaient chacune une voie, un créneau qui permettait à la société de s'appuyer sur elles pour solutionner des problèmes aujourd'hui confiés à l'État. Elles étaient infirmières, éducatrices, missionnaires. Elles animaient des hôpitaux, des établissements d'enseignement, des orphelinats, des crèches et des missions. Dans la société fortement hiérarchisée où les filles entraient pour s'épanouir sans mari et enfant, certaines n'existaient aussi que pour prendre soin des prêtres.

CI-DESSUS

Formées au monastère de Lourdes, en France, à la demande de monseigneur Joseph-Médard Émard, premier évêque de Valleyfield, cinq sœurs Clarisse arrivent dans cette ville, le 26 avril 1902. Trois d'entre elles sont montréalaises, les deux autres sont françaises. Avec les sœurs qui les rejoindront plus tard, elles consacrent leur existence à la prière et à la fondation d'autres monastères, dont l'un à Rivière-du-Loup, en 1932. Ici, un match de badminton dans la cour de leur couvent, à Valleyfield, en 1991.

CI-CONTRE

Religieuse dans la sacristie de la basilique-cathédrale Notre-Dame de Québec, vers 1985.

Soigner les malades...

Gabrielle Bédard, infirmière de colonie. En tenue blanche de la tête jusqu'à ses chaussures à talons hauts, près du dispensaire de Sainte-Anne-de-Roquemaure, en Abitibi.

Lorsque la Nouvelle-France est créée et que la Compagnie des Cent-Associés commence à transporter des colons au Canada, seules les personnes robustes et saines pouvaient s'embarquer. Les colons du Canada ne pouvant pas garantir aux administrateurs une santé éternelle, les Augustines de l'Hôtel-Dieu de Québec sont donc plus que bienvenues dans la ville de Champlain où elles fondèrent leur hôpital, en 1639. Quelques années plus tard, Jeanne Mance, co-fondatrice de Montréal, guide les Hospitalières de Saint-Joseph vers une bicoque où elles soignent les premiers malades et les blessés.

D'autres communautés de soignantes suivent, de sorte que, entre le XVIIe et le XVIIIe siècles, une centaine d'hôpitaux et de dispensaires sont créés au Canada et aux États-Unis par des communautés ayant des racines au Québec.

À la fin du XIXe siècle, la somme de travail à accomplir est telle que les religieuses hospitalières doivent se résoudre à former des laïques qui partageront leurs tâches en portant la robe et le tablier blancs ainsi que le voile virginal puis la coiffe qui permet de les identifier. Plus tard, l'Institut Marguerite d'Youville, fondé par les Sœurs Grises de Montréal, jette les bases d'une formation qui conduit à l'obtention d'un diplôme universitaire. Depuis la Révolution tranquille qui retira aux communautés religieuses la direction des institutions qu'elles avaient fondées, ce sont les collèges d'enseignement général et professionnel (CÉGEP) qui forment les infirmières et les infirmiers.

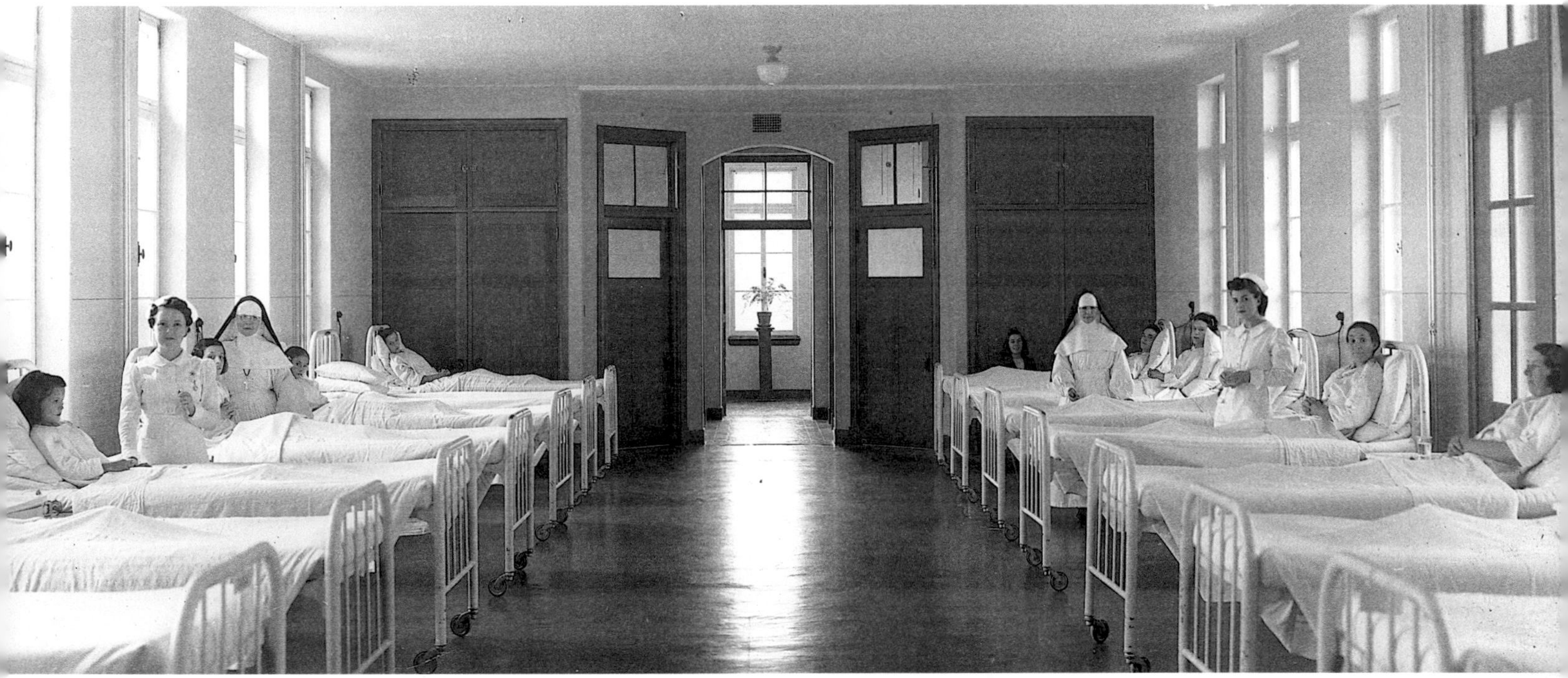

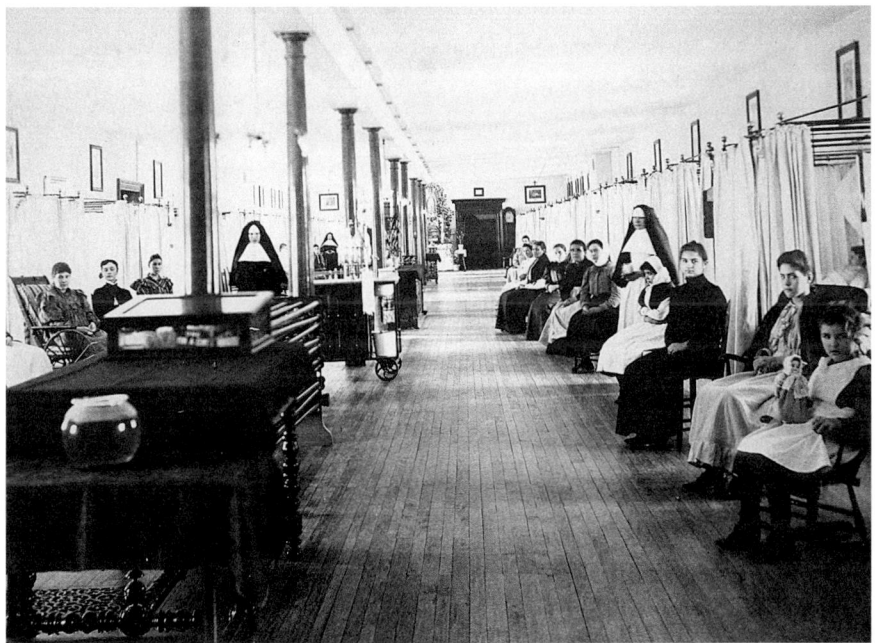

CI-DESSUS

Salle des malades de l'Hôtel-Dieu Notre-Dame-des-Neiges de Gaspé, en 1941.

CI-CONTRE

Salle des malades de l'Hôtel-Dieu de Montréal, vers 1900. Avant l'ouverture de l'école des infirmières de cet établissement, en 1901, les hospitalières de Saint-Joseph, fondatrices de cet hôpital, cumulaient les rôles de religieuses et de soignantes.

CI-DESSUS

Garde Éva Côté, le docteur Pagé et trois autres infirmières avec l'ambulance de la Croix-Rouge, dans la région d'Amos, en 1941.

CI-CONTRE

Garde Éva Côté à Preissac, en Abitibi, en 1937.

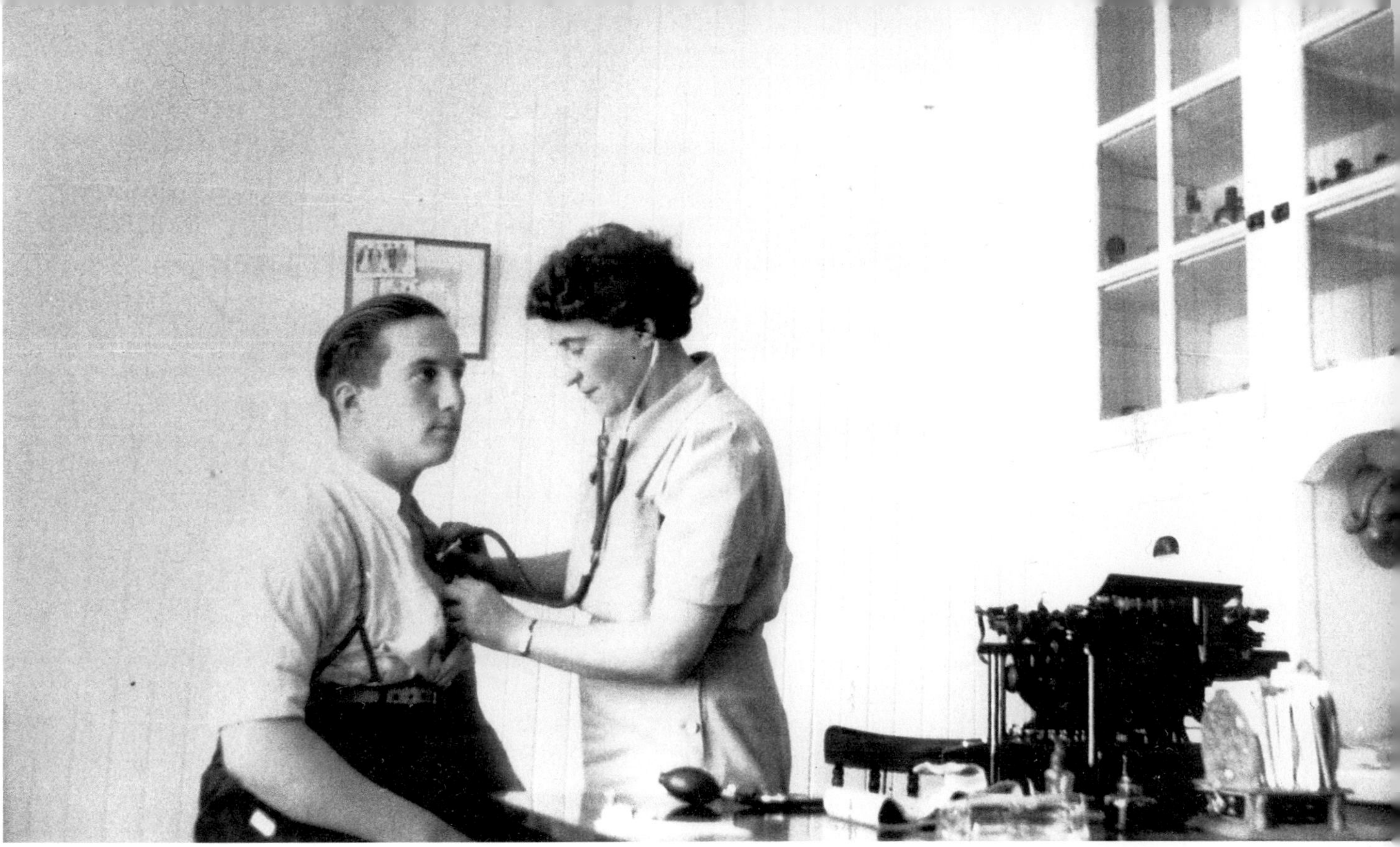

CI-DESSUS

Garde Éva Côté dans le dispensaire qu'elle dirige de 1937 à 1943, à Preissac en Abitibi.

CI-CONTRE

Marcelle Gingras et son chien devant le dispensaire du lac Castagnier en Abitibi. Elle est devenue infirmière en 1936.

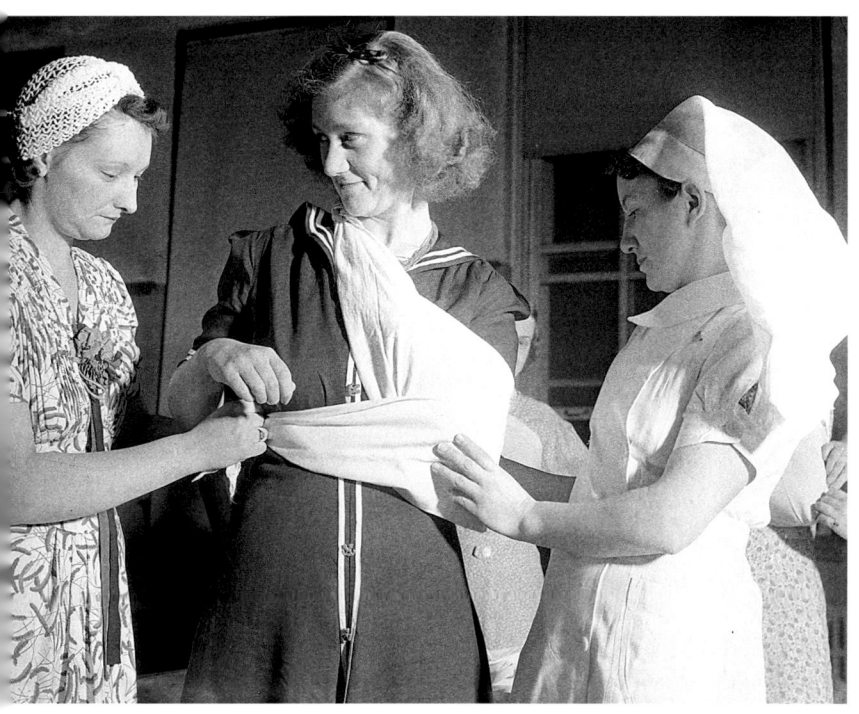
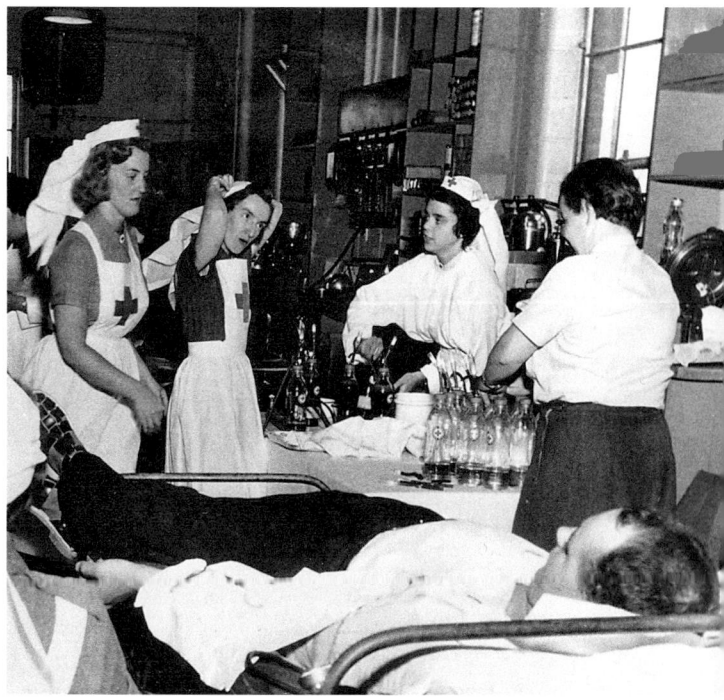

CI-DESSUS À GAUCHE

Cours de premiers soins de la Croix-Rouge dispensé par une religieuse-infirmière de l'Ambulance Saint-Jean, en 1940.

CI-DESSUS À DROITE

Clinique de sang improvisée dans un garage de la mine Horne, à Noranda, en 1955.

CI-CONTRE À GAUCHE

Garde Simone Ouellet assistant un chirurgien de l'hôpital de Rivière-du-Loup (Bas-Saint-Laurent), vers 1935.

CI-CONTRE À DROITE

Pauline Laurin, première infirmière à être allée travailler auprès des communautés innues de la Minganie et de la Basse-Côte-Nord. Elle séjourne parmi eux au cours des étés, de 1947 à 1960. Elle dirigera ensuite le Service de santé des Indiens.

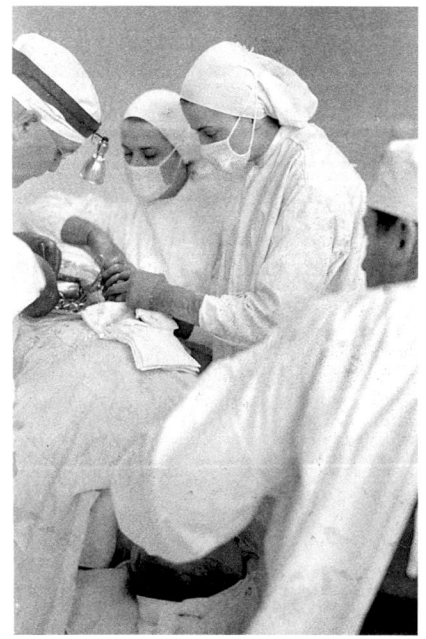

Rester seule...

Longtemps avant que le célibat n'apparaisse comme un état acceptable et, plus tard, enviable et plus populaire que le mariage, les femmes qui effectuaient ce choix ne pouvaient être que des laissées-pour-compte. Ce sont parfois les grandes sœurs appelées, par le père ou par une mère malade, à se substituer à la mère naturelle pour élever frères et sœurs. Ce sont souvent encore les aînées induites par on ne sait quel germe d'abnégation à sacrifier leurs amours en faveur d'un emploi dont elles injectent le salaire dans les études supérieures de leurs petits frères. Quel que soit leur rang dans la famille, les filles, surtout si elles sont célibataires, sont celles sur lesquelles on compte pour prendre soin des malades de la famille et des parents âgés.

Le célibat au Québec s'est édifié sur des vies sacrifiées mais aussi sur un choix net. Comme on l'a déjà dit, le mariage est un plat à saveurs variables qui ne met pas tout le monde en appétit. Le célibat, dont la saveur est tout aussi altérable, est un état qui favorise l'indépendance et l'autonomie financière des femmes. L'histoire a retenu de beaux exemples de célibataires ou de veuves qui, n'ayant pas en vue l'amour de Dieu et de leur prochain, ont profité du célibat et du veuvage pour lancer de petites ou moyennes industries. Au XXe siècle, avant que la femme mariée ait les coudées franches en matière d'emploi, la femme seule et la «catherinette» ou «vieille fille», qui n'était pas tentée par les affaires, a été recherchée pour son extrême disponibilité. Libre de son temps, n'ayant de compte à rendre à personne, elle a exercé son leadership dans son milieu de travail.

Dans le téléroman *La Famille Plouffe*, diffusé à compter de 1953 sur les ondes de Radio-Canada, Denise Pelletier incarne Cécile, une célibataire aux amours malheureuses.

Une type de célibataire est rendu célèbre par *Symphorien*, téléroman diffusé par Télé-Métropole (TVA) au cours des années 1970. Janine Sutto incarne une mademoiselle Lespérance pétrie de principes, mais résistant mollement aux avances d'un amoureux entreprenant, joué par Jean-Louis Millette.

Lucienne Arsenault, ménagère, en compagnie de son frère Antonio, curé de Saint-Séverin de Beauce, photographiés devant le presbytère paroissial, vers 1985.

Ange du foyer...

Au début du XXe siècle, des voyageurs circulent déjà sur les routes des campagnes à la recherche d'objets rares. Ici et là, principalement dans les régions de Québec et de Charlevoix, ils s'arrêtent et demandent aux fermières d'ouvrir leurs armoires et de déployer les chef-d'œuvres hérités de leurs mères et grands-mères. Ils emportent, pour presque rien, les lins brodés à la française, les laines tissées, les ceintures fléchées et autres trésors. Cet événement, prélude à l'entrée en scène d'antiquaires et de rabatteurs, attira l'attention des Canadiens français sur ces ouvrages et leur donna du prix !

Comme, sur les entrefaites, on faisait le compte des Canadiens français en exil aux États-Unis et dans l'Ouest canadien et celui des fils et filles de cultivateurs partis vivre en ville, on cherche le moyen de retenir les familles sur leurs terres. La ménagère à la quenouille et au rouet fut promue « Ange du foyer ». On lui donna la mission de récupérer un savoir en perdition et de le transmettre en prouvant que la vie qu'elle menait était la plus belle. Une tâche ardue si l'on pense que de plus en plus de jeunes gens et de jeunes filles pensaient le contraire et qu'ils étaient pressés de se libérer des traditions rurales pour participer au partage du travail rémunéré. C'est là qu'apparaît le Cercle des fermières pour contrer l'isolement des cultivatrices. Calqué sur le Cercle des fermières de Belgique et sur des groupes du même genre au Canada anglais, le Cercle des fermières voit le jour à Roberval, en 1915. Le mouvement prend un essor remarquable car, 15 ans plus tard, le nombre des cercles dépasse les 500. Il y en a presque 700 aujourd'hui.

Au début de l'automne 1935, les mères de famille de Villebois, village fondé l'année même en Abitibi, se réunissent pour une corvée de filage. La matière première sera ensuite partagée à parts égales entre chacune.

CI-DESSUS À GAUCHE

Jusqu'à l'introduction des premiers réfrigérateurs électriques dans les foyers québécois, pendant l'entre-deux guerres, la plupart des familles conservent les denrées périssables dans des glacières extérieures. Ici, une femme se dirige vers une glacière taillée dans le roc. Prélevée sur les cours d'eau en hiver, la glace est couverte d'un paillis qui ralentit le réchauffement de la grotte.

CI-DESSUS À DROITE

Il ne faut manquer de rien. Mme Létourneau, de Saint-Roch-des-Aulnaies, devant la profusion de conserves qu'elle a préparées au fil de l'été et de l'automne 1987.

CI-CONTRE

Retour de pêche en Gaspésie, vers 1930.

CI-DESSUS

Four à pain en Gaspésie vers 1910. À cette époque, la consommation quotidienne de pain, depuis toujours aliment principal des familles, perd du terrain au profit de la viande.

CI-CONTRE

Peu avant d'arriver à l'auberge-motel Caribou, à Rivière-au-Renard, en Gaspésie, vers 1950. La région n'a pas encore été touchée par la distribution du pain de mie livré sous cellophane. Le produit qui s'apprête à détrôner le traditionnel pain de ménage a été mis au point en décembre 1949, par la compagnie Weston dans une usine de guerre désaffectée de Longueuil.

CI-DESSUS

Exposition de tapis thématiques chez l'artisane, dans la région de Québec, vers 1950. Les œuvres de cette époque sont aujourd'hui collectionnées par les amateurs d'art populaire.

CI-CONTRE

Une artisane vend des laizes de catalogne au marché Bonsecours de Montréal, en 1950.

CI-DESSUS

Femmes aux rouets et dévidoirs dans la maison de Jean-Baptiste Raymond de la Côte-du-Sud, en 1936.

CI-CONTRE

Fabrication de tapis de laine bouclée à Rivière-au-Renard, en Gaspésie.

CI-DESSUS

Leçon de tissage au métier dans la région du Saguenay-Lac-Saint-Jean, en 1937. Dans les familles où l'enseignement des métiers du fil ne fait pas partie de la tradition, des membres des Cercles des Fermières forment les artisanes.

CI-CONTRE

Tout en contraste. En 1921, pendant que Marie Gérin Lajoie et madame Walter Lyman fondent le comité provincial du suffrage féminin, s'organise un rendez-vous d'artisanes fileuses à Saint-Denis de Kamouraska.

Le lin est bien sec, le bois et l'écorce des fibres se sont séparés. Madame Arthur Gagnon, de la Côte-du-Sud, l'apprête pour sa transformation en fil, en l'écorçant puis en le peignant. Elle choisira ensuite d'en faire du fil ou de l'étoupe.

Après-midi d'automne. Madame Ulderic Dumont, de Saint-Alexandre de Kamouraska, tressant un chapeau de paille.

Maîtresse d'école...

Les toutes premières maîtresses d'école ne sont pas plus instruites que le plus savant des écoliers qu'elles forment. Comment, dans un univers où l'éducation des enfants n'est pas soutenue et facilitée, aurait-il pu en être autrement ? Les petites couventines, celles que leurs parents ont « envoyées aux études » parce que le bon sens l'imposait, sont les éducatrices les plus recherchées. Les écoles de rang fonctionnent grâce à la « vocation » de jeunes filles et de jeunes femmes qui se consacrent à leur tâche à longueur d'année, ou presque. Leur implication se mesure à leur assiduité aux activités paroissiales, chorales, tombolas et autres. Les écoles de rang sont également leur logis. Elles doivent savoir tout faire et le faire dignement, patiemment et avec application. Au jour le jour, elles vivent sous l'œil inquisiteur du curé, des marguilliers et des commissaires qui veillent aux bonnes mœurs des institutrices. Le métier de maîtresse d'école, comme du reste nombre de métiers exercés par des femmes, est longtemps réservé aux célibataires qui perdent leur emploi en se mariant. L'emploi d'institutrice est précaire, l'institutrice étant, chaque année, soumise à une évaluation arbitraire et réembauchée ou congédiée. Ce climat d'incertitude est atténué après la fondation de l'Association catholique des institutrices rurales du district d'inspection primaire de La Malbaie, par Laure Gaudreault, en 1936.

Deux institutrices à Albanel, au Saguenay-Lac-Saint-Jean, vers 1940.

Gabrielle Ouellet, chez ses parents, en 1942, après avoir reçu son diplôme d'enseignante. Cinq mois plus tard, elle quitte la vallée du Saint-Laurent pour aller enseigner à Authier, en Abitibi. Ses consœurs, dont la carrière avait débuté au début du XXe siècle, gagnaient près de cent dollars par année. Quand on confie à Gabrielle une classe de 52 élèves de la première à la septième année, son salaire annuel est d'environ 300 dollars.

CI-DESSUS

En 1936, Laure Gaudreault, elle-même institutrice, fonde l'Association catholique des institutrices rurales du district d'inspection primaire de La Malbaie. Son geste débouche, au mois de juillet de l'année suivante, sur la création de la Fédération catholique des institutrices rurales. Les petites maîtresses d'école sont enfin respectées. Ici, 11e congrès de la (FCIR) à Valleyfield au mois de mai 1951.

« Bébé dit bonsoir à tout le monde. »
Leçon de français à l'école élémentaire Sainte-Lucie-de-Jacola, à Val d'Or, en 1971.

CI-CONTRE

Enseignantes de l'école Baril dans le quartier Hochelaga, à Montréal, en 1963.

CI-DESSUS

Rachèle et Alma Roy, cuisinières dans un camp de bûcheron de Clova, en Abitibi, en décembre 1943. La petite entreprise appartenait à leur père, Alfred Roy, originaire d'Armagh dans Bellechasse.

PAGE SUIVANTE

Cuisinières au camp d'Alphonse St-Pierre (en chemise sombre à l'avant-plan) dont les bûcherons abattent les arbres pour le compte de la John Breaky, en Beauce, vers 1920.

À votre service !

On ne dira jamais assez à quel point elles étaient avenantes, souriantes, agréables. Premières hôtesses des relais construits le long des routes pour accueillir les voyageurs, elles charment les visiteurs et même ceux qui y passent chaque jour. Moyennant quelques sous, elles proposent des plats odorants qu'elles servent avec un verre d'eau claire ou une tasse de thé. Tout le monde est content et l'idée ne vient pas à l'esprit de ces hôtesses, aubergistes et cuisinières qu'elles sont au service de...

Au XVIIIe siècle, alors que s'achevait le Régime français, quelqu'un a dit des Canadiens français qu'ils faisaient de mauvais maîtres et de mauvais valets. Même la bonniche refuse d'obéir. Elle s'incline et se raisonne en se plaçant le moins souvent possible dans la situation d'être dirigée ou corrigée. Deux siècles plus tard, elle répugne toujours autant à la discipline, à l'uniforme, au badge et à la supervision. Chacune aime croire qu'elle travaille librement et intelligemment.

Groupe d'immigrantes destinées au service domestique, en transit à Québec, vers 1910.

Au magasin général de Saint-Georges de Beauce, vers 1900.

CI-DESSUS

Serveuses du restaurant Rouleau, à Sainte-Anne-de-la-Pocatière, en 1954.

CI-CONTRE

Cuisinières du motel restaurant Le Martinet, à Sainte-Anne-de-la-Pocatière, dans le Bas-Saint-Laurent.

PAGE SUIVANTE

La comédienne Juliette Huot incarnant la serveuse d'un casse-croûte dans le film *Le Rossignol et les cloches*, un film réalisé par René Delacroix en 1952. À ses côtés, on reconnaît Ovila Légaré.

L'épicerie italienne du quartier Victoriatown, rue Forfar, à Montréal. Créé par les ouvriers travaillant à la construction du pont Victoria, au milieu du XIXe siècle, ce quartier était voisin de Pointe-Saint-Charles dans l'Ouest de Montréal. Il a été détruit en 1963.

Madame Eugène Cloutier, dans un restaurant de Saint-Joseph de Beauce, en 1973.

CI-DESSUS

Plan de travail dans les cuisines de l'Hôtel-Dieu Notre-Dame-des-Neiges, en Gaspésie, en 1952.

CI-CONTRE

Dans les cuisines de l'Hôtel-Dieu d'Amos, en 1950.

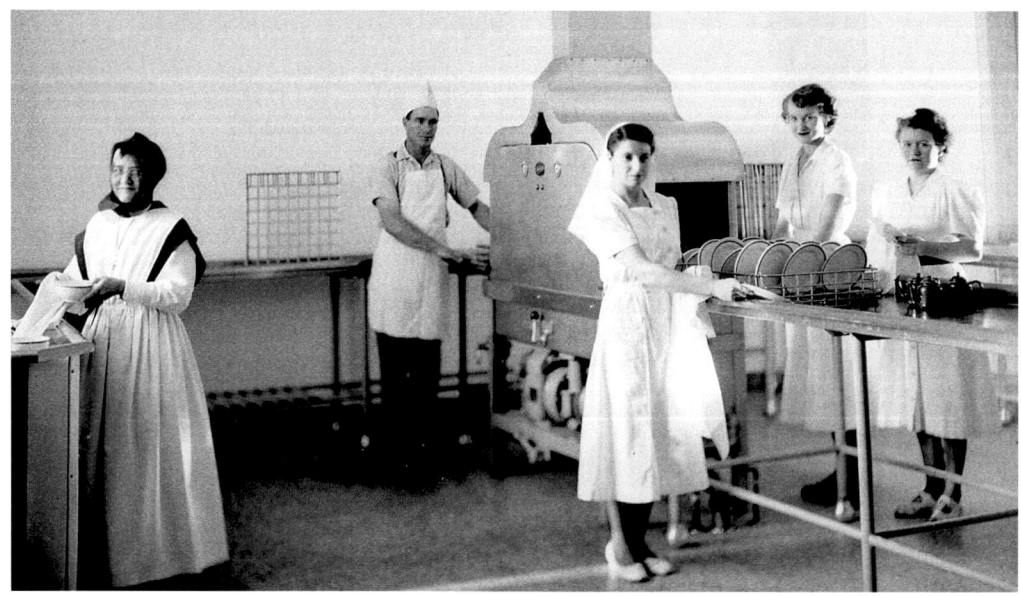

Vendeuse ambulante offrant de petits voiliers aux touristes, à Cloridorme, en Gaspésie.

Vendeuse de souvenirs et de pacotilles sur le site de la basilique Sainte-Anne-de-Beaupré.

Duyen, une Vietnamienne réfugiée dans un camp thaïlandais, photographiée au mois d'avril 1981, peu après son arrivée à Montréal.

Denise D'Aragon en compagnie de l'immigrante d'origine chinoise Mon See Hong et de son fils Bing Hong, à Val d'Or, en 1952. Peu après, la mère et son mari, Chan Mow Hong, ont ouvert une buanderie à Bourlamaque.

Travail à la chaîne

En effeuillant la marguerite, aucune petite fille ne rêvait à une destinée consacrée au travail à la chaîne et aux heures du matin, du jour et du soir écoulées dans des caves, dans des entrepôts et dans des manufactures sans fenêtres ni chauffage. Les premiers emplois de véritable servitude ont été créés au siècle de l'industrie qui désigna l'homme et la femme comme les machines humaines ayant la capacité physique d'accomplir des tâches répétitives qu'aucun robot n'effectuait encore.

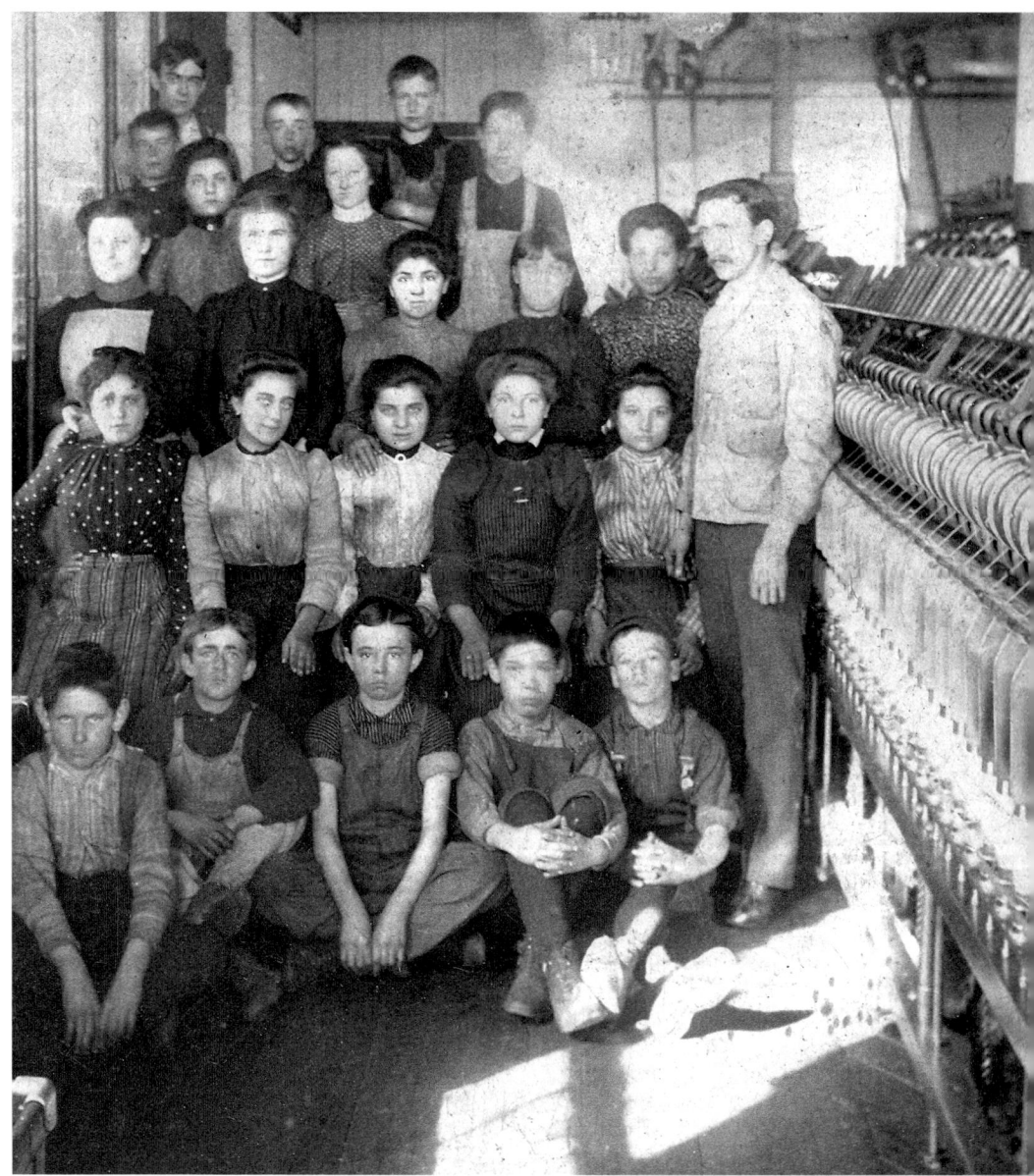

Filles et garçons, enfants et adultes, à l'usine, en 1891.

CI-DESSUS

Grévistes de l'industrie du vêtement à Montréal, en 1937, sur le boulevard Saint-Laurent, surnommé la «forteresse de la confection». Le 15 avril 1937, inspirées par Léa Roback et Rose Pesotia, cinq mille ouvrières de la confection déclenchent une grève qui durera 25 jours. Leur syndicat obtient pour elles la semaine de 44 heures et un salaire hebdomadaire moyen de 14 dollars.

CI-CONTRE

En 1934, Georgette Falardeau, deuxième épouse du maire de Montréal, Camillien Houde, fonde la Ligue de protection des non-privilégiés, pour «assurer aux femmes et jeunes filles qui travaillent dans les restaurants et les maisons privées un salaire raisonnable, de même que des conditions de travail convenables». Ici, le couple Falardeau-Houde, photographié vers 1940.

CI-DESSUS

Grévistes de la Montreal Cotton de Valleyfield, le 1er juin 1946. La grève, qui touche les usines de Montréal et de Valleyfield, prend fin après cent jours, le 28 septembre suivant. On attribue l'impact et la victoire des grévistes à l'implication de Madeleine Parent ainsi que des ouvrières, des mères, femmes et filles des grévistes qui s'étaient rassemblées sous le vocable de Dames auxiliaires.

CI-CONTRE

En 1942, Madeleine Parent prend la tête des 6 000 ouvrières des usines de la Dominion Textile de Montréal et de Valleyfield qui adhèrent à part entière au syndicat des Ouvriers unis des textiles d'Amérique [OUTA]. On la voit ici, le 2 septembre 1946, lors d'une réunion des grévistes de la Montreal Cotton de Valleyfield.

Née à Montréal en 1903, dans une famille d'émigrants juifs, Lea Roback grandit à Beauport. Instruite, elle milite dans les rangs du Parti communiste et, au début des années 1930, elle devient, avec Madeleine Parent, un leader dans la défense des droits des ouvriers et des ouvrières du vêtement.

Militaires entourant une petite couseuse de la Canadian Vickers de Longueuil, vers 1925. La jeune femme est l'une des ouvrières chargées de « coudre » les ailes des hydravions de la série Vickers Vedette. Les ouvrières travaillent de 9 à 11 heures et demie par jour.

Atelier de couture et salle d'emboîtage de la fabrique de chaussures pour enfants La Parisette, à Montréal, vers 1945.

Production du fil à l'usine montréalaise de J. P. Coats, en 1950.

CI-CONTRE

Atelier de couture en 1972.

CI-DESSOUS

Atelier de confection chez Claudel Lingerie, à Montréal.

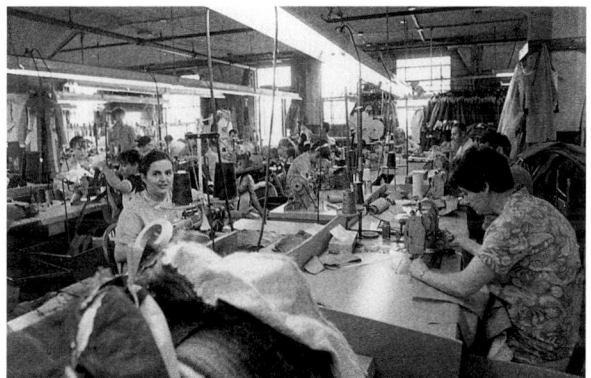

À la guerre comme à la guerre

CI-CONTRE

Volontaires de l'armée canadienne, Isabelle Chassé-Martin et Lucienne Lord devant la maison familiale des Martin, rue Saint-Cyrille, à Québec, après 1940.

CI-DESSOUS

Défilé militaire dans la région du Bas-Saint-Laurent pendant la Deuxième Grande Guerre. Malgré la résistance des Canadiens français qui espèrent que les jeunes femmes refuseront de s'enrôler pour remplir les cadres des services auxiliaires, plusieurs répondent avec enthousiasme à l'invitation qui leur est lancée.

La présence des femmes dans l'armée canadienne est imposée par la nécessité de donner aux militaires de sexe masculin l'impression de vivre en milieu à peu près normal. Leur compétence aux échelons qu'on leur permet d'atteindre rend leur rôle essentiel au fonctionnement des Forces armées canadiennes qui créent le service féminin de l'armée en 1942. Ici, en 1944, deux membres du Canadian Women Army Corps (C.W.A.C.) en permission au parc Belmont, à Montréal.

Ouvrière d'une usine d'armement de Montréal, au cours de la guerre 1914-1918.

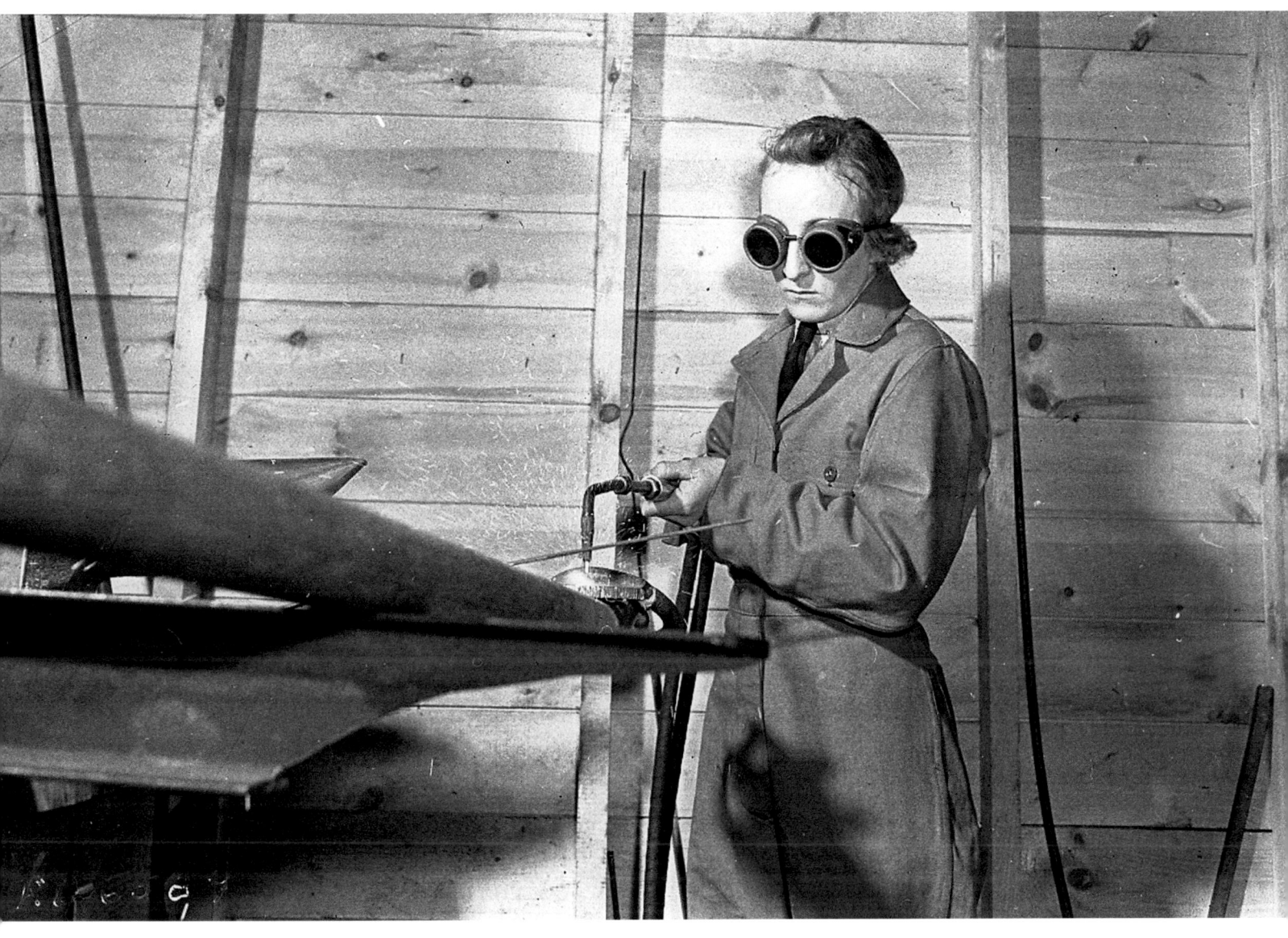

Recrue de la Division féminine de l'Aviation royale du Canada (ARC), effectuant des travaux de soudure. L'ARC a été la première division de l'armée canadienne à intégrer des femmes parmi ses membres. En 1943, le vice-président de l'Engeneering Institute de Toronto déclare que les Canadiennes françaises sont les meilleures ouvrières industrielles du Canada. Il attribuait ce fait à leur sens élevé des responsabilités ainsi qu'à la « rude besogne qu'elles ont l'habitude d'accomplir à la maison ».

Pendant la Deuxième Grande Guerre, le Canada devient l'un des premiers fournisseurs d'armes au monde. L'industrie qui se développe pour répondre aux besoins des Alliés requiert la contribution des femmes. Les ouvrières montréalaises sont transportées par train vers l'usine Cherrier, un complexe rassemblant plus de 400 bâtiments à Saint-Paul-l'Ermite, à l'est de l'île de Montréal.

Téléphonistes de la compagnie de téléphone Bell dans la centrale de Montréal, en 1956.

Buandières de l'hôtel Reine-Elizabeth de Montréal, inauguré en 1958.

Le premier ministre Jean Lesage et madame Tapp, dans une usine de traitement du poisson à Saint-Maurice (Gaspé), au mois de juillet 1962.

Traitement et mise en conserve d'éperlans dans l'entrepôt frigorifique de la Coopérative des pêcheurs de Carleton, en Gaspésie, en 1953.

Remplissage de bouteilles de lait pasteurisé à la Laiterie Moderne fondée au début des années 1940, à Sainte-Anne-de-la-Pocatière.

Métier et profession

Après la guerre, le choix d'une orientation professionnelle pour les femmes ne se pose plus seulement en termes de « toge ou de torchon », mais également en termes de métier ou de profession. L'expérience récente, acquise dans les usines et dans les services auxiliaires de l'armée canadienne, a démontré aux femmes qui l'ignoraient encore qu'elles pouvaient exercer leurs talents et compétences dans la plupart des sphères dites masculines. Si on leur a refusé le privilège de tenir un fusil, on ne les a pas privées de la proximité des champs de bataille où elles ont soigné les malades et les blessés.

Quand, à la fin de la guerre, on lui intime l'ordre de rentrer chez elle et qu'on ferme pouponnières et garderies pour bien lui faire comprendre que sa place est au foyer, on

Thérèse Hallé, élève de l'aviateur beauceron Arthur Fecteau, est la deuxième Canadienne française à obtenir son brevet de pilote. Elle est photographiée à l'aérodrome de Bois-Gomin, à Québec, en 1933.

commet une erreur : la Canadienne française et ses sœurs de toutes origines ne sont plus disposées à recevoir d'ordres. Elles n'acceptent plus que leurs besoins soient définis par d'autres, sans consultation. Les deux grandes guerres du siècle lui ont apporté le droit de vote : la première au fédéral, la deuxième au provincial. Dans un cas comme dans l'autre, l'objectif était de les séduire et de les faire taire, en leur offrant en cadeau un droit qu'elles n'auraient jamais dû être amenées à réclamer. Mais voilà que, plutôt que de se taire, elles exigent encore autre chose. Entre autres, le droit d'employer leur temps comme elles l'entendent. Elles ne veulent plus qu'on leur dise de rentrer chez elles pour y tenir les rôles de mère et de ménagère.

L'impact du retour des hommes et l'interruption de la production de matériel de guerre font qu'elles rentrent en masse au foyer. Leur poids économique diminue, mais elles déclenchent le fameux babyboom.

Les allocations familiales, libellées au nom des femmes grâce à la sagacité d'une Marie-Thérèse Casgrain, n'auront pas raison de leur désir de se réaliser partout et à la perfection : dans leur rôle de mère, dans celui d'épouse, dans celui de travailleuse et même dans celui de femme de carrière.

Graduation de policières à Montréal, en 1947. Les seuls axes de travail permis aux premières policières se limitent au travail communautaire et à la prévention.

Nouvelles avenues

Dépouillement de bulletins de vote lors d'élections municipales à Montréal. Les Montréalaises, qui sont propriétaires de terrains et d'immeubles sur le territoire de la ville de Montréal, ont le droit de voter aux élections municipales depuis le mois de janvier 1941.

CI-DESSUS À GAUCHE

Lorette Siscoe, née Lessard, femme du prospecteur Stanley Siscoe (Stanislawen Szyska) qui découvrit le gisement de la mine Siscoe, en Abitibi. Après la mort tragique de son mari, en 1935, Lorette Siscoe s'imposa comme une personnalité importante du développement minier de la région de Val d'Or. Elle a été membre de plusieurs conseils d'administration, dont celui de la mine Siscoe. L'île Lorette, sur la rivière Harricana, rappelle son souvenir.

CI-DESSUS À DROITE

Cours de dactylo au couvent des Sœurs de la Charité de Saint-Alexandre de Kamouraska, vers 1950.

CI-CONTRE

Planification d'activités au Service de santé de la ville de Montréal, en 1945.

Pauline Drapeau, secrétaire d'Adrien Dubuc, le « photographe de Saint-Henri », en 1946.

Jeanne Lespérance est veuve et mère de cinq filles. Elle crée, rue Laurier Ouest, à Outremont, une boutique de fleurs, longtemps la plus avant-gardiste et la plus réputée à Montréal. Ici, jeunes filles photographiées dans l'atelier, en 1944.

Denise Tardif, éboueuse, en 1983.
« Mon mari avait un petit camion puis, il y a 5 ans (1978), il a acheté celui-là avec un contrat de la ville. J'ai commencé à conduire pour l'aider. »

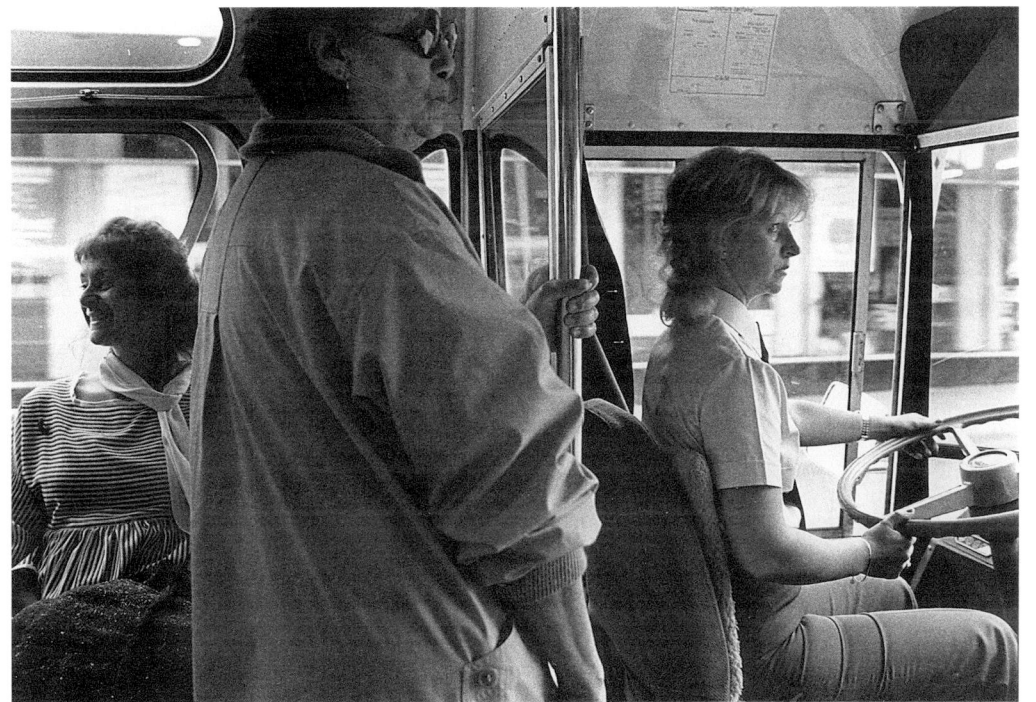

Suzanne Bairstow, conductrice, Société de transport de la communauté urbaine de Montréal, juin 1983. « Un matin, j'ai eu des problèmes à faire démarrer un ancien autobus, leur système de démarrage était compliqué. Je suis allée les voir, ils m'ont dit : "T'as voulu être chauffeur, arrange-toi avec tes troubles." »

Mireille Lord, responsable de l'expédition, Salon de l'agriculture et de l'alimentation de Montréal, septembre 1983. « Je fais ce travail depuis 5 ans. J'avais envie de relever un défi. Au début, le patron était un peu réticent, mais maintenant, j'ai sa pleine confiance. »

Dans l'atelier de Florence Dolléans, la restauratrice d'art et spécialiste des bronzes anciens, à l'œuvre sur le monument Ignace Bourget, à Montréal, en 2000.

La sculpteure Annik Bourgeault, auteur du monument Jean Drapeau, exposé devant l'hôtel de ville de Montréal.

Le chemin des études

CI-DESSUS

Reçue avocate au début du mois de mai 1914, Annie MacDonald Langstaff est la première Québécoise à décrocher un diplôme de droit et la première diplômée de la faculté de droit de l'Université McGill. Le 7 juin de la même année, elle se présente devant les examinateurs du conseil du Barreau de la province de Québec. Prétextant qu'elle est mariée, séparée de corps et qu'elle agit sans la permission de son mari, les examinateurs refusent de l'admettre dans leurs rangs. Annie MacDonald Langstaff poursuivit sa lutte et eut gain de cause en 1942 quand le Barreau du Québec s'ouvrit aux femmes. Elle refusa toutefois de soumettre sa candidature à l'association professionnelle dont elle ne fit jamais partie.

CI-CONTRE

Mathilde Massé, née le 7 juillet 1871, à Saint-Pacôme, est la dernière d'une famille de 15 enfants. Instruite à la maison puis au couvent de Rivière-Ouelle, elle devient institutrice puis elle rejoint une de ses sœurs établie à Boston. Après quelques mois consacrés à l'enseignement du français, elle part étudier à La Sorbonne à Paris. Elle revient aux États-Unis où, en 1898, elle décroche son brevet de docteur en médecine de l'Université de Boston. Diplômée deux ans avant Irma Levasseur, qui obtint le sien de l'université Saint-Paul au Minnesota, elle serait la première Canadienne française à avoir obtenu le droit d'exercer la médecine. En 1914, Mathilde Massé s'engage dans l'armée américaine où son courage lui vaudra d'être décorée par le roi Albert 1er de Belgique. Naturalisée américaine vers 1920, elle est décédée à Boston, le 25 février 1950.

Finissantes de l'école normale de Trois-Rivières, en 1917. Les Ursulines ont ouvert cet établissement en 1908 afin de contribuer à la formation des jeunes filles désireuses de devenir institutrices.

L'Association générale des étudiants de l'Université de Montréal est créée au mois de janvier 1922. Elle réunit les étudiants de toutes les facultés. En 1940, elle devient indépendante de l'administration et de l'autorité universitaire. Le comité féminin de l'AGEUM, en 1943.

Laboratoire d'histologie de la faculté de médecine de l'Université de Montréal, en 1943.

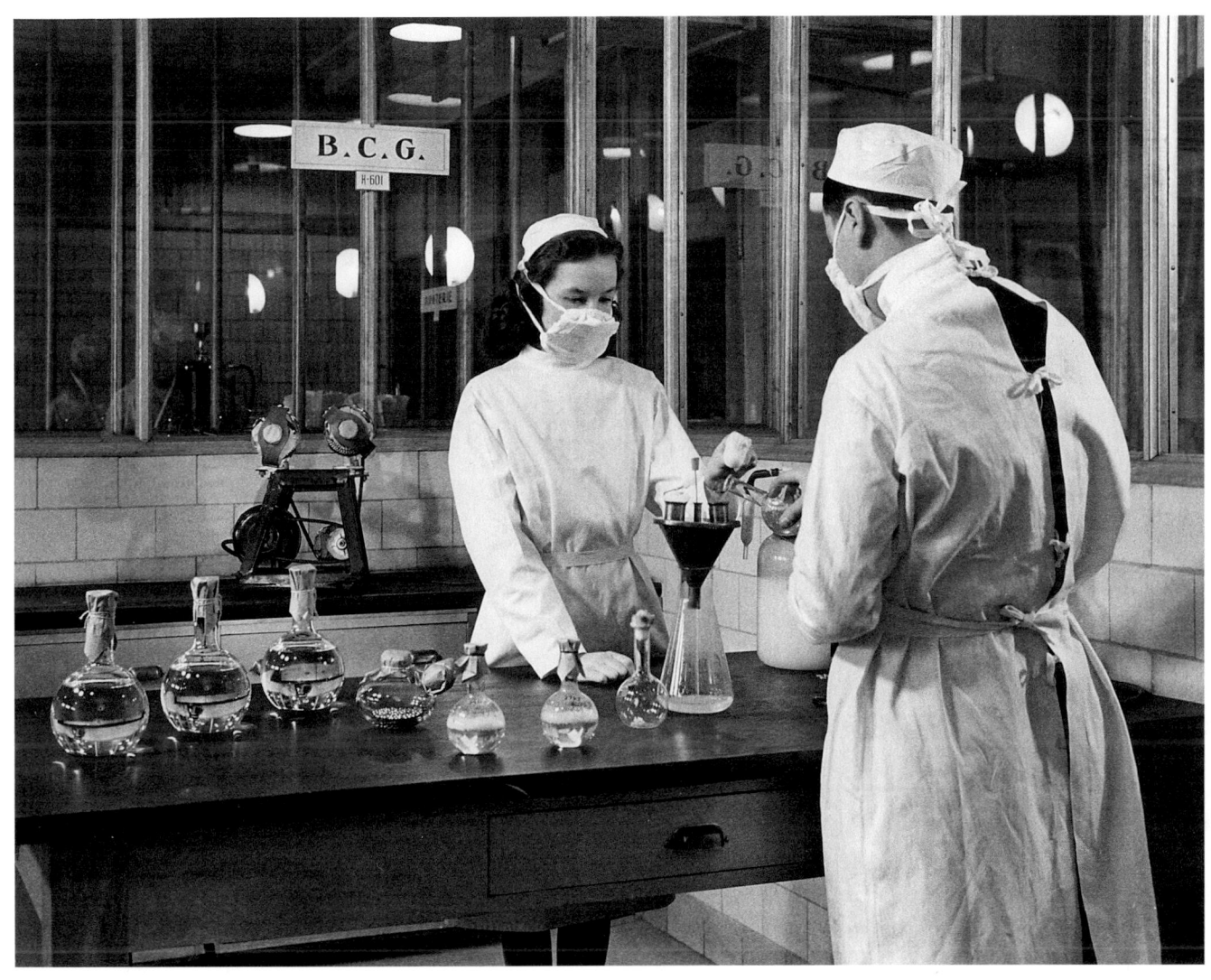

Laboratoire de fabrication du vaccin BCG, à l'Institut de microbiologie et d'hygiène de l'Université de Montréal, fondé en 1938 par le docteur Armand Frappier.

À la fin des années 1950, la fréquentation des universités s'intensifie, en particulier dans les disciplines scientifiques. Les étudiants ne tardent pas à réclamer la démocratisation de l'accès aux études supérieures. Le 6 mars 1958, une grève est déclenchée par les étudiants des universités Laval, Montréal, McGill, Sir George-William et Bishop. Ici, au comptoir des volontaires, offre de soutien des étudiantes aux grévistes de l'Université de Montréal.

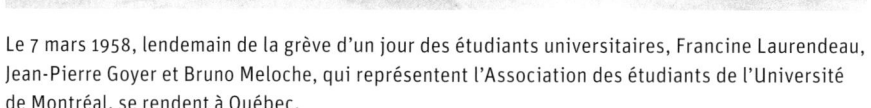

Le 7 mars 1958, lendemain de la grève d'un jour des étudiants universitaires, Francine Laurendeau, Jean-Pierre Goyer et Bruno Meloche, qui représentent l'Association des étudiants de l'Université de Montréal, se rendent à Québec.

CI-CONTRE

Fondé en 1920 par le frère Marie-Victorin, l'Institut botanique de Montréal est établi rue Saint-Denis. Sur cette photo prise avant le déménagement de l'institut sur le Mont-Royal, on remarque quatre femmes. De gauche à droite, première rangée : Clément Vincent, André Roy, Bernard Boivin, Cosette Marcoux, James Kucyniak ; deuxième rangée : Sébastien Baril, Le Ber, Marcelle Lepage, Marcel Raymond, Omer Baudoin ; troisième rangée : Raymond Goudrault, père Leblanc, frère Lucien, père Taché, Claudette Piché ; debout : Cécile Lanouette, démonstratrice, Roger Gauthier, professeur, frère Marie-Victorin, professeur, et Jules Brunel, professeur.

CI-DESSOUS

Défilé de diplômées de l'université McGill, à Montréal, vers 1950.

Défilé commémorant le 10e anniversaire de la Jeunesse étudiante catholique, rue Sainte-Catherine, à Montréal, en 1945.

Pour des femmes dépareillées

La première école ménagère a été créée à Roberval, au Saguenay-Lac-Saint-Jean, en 1882. L'objectif d'une telle institution : combler les nombreuses lacunes dans la formation de la future ménagère à qui il fallait inculquer une formation scolaire doublée de cours d'économie domestique, en cuisine, en couture, en tricot et en reprisage. Car, disait l'adage, « Tant va la femme, tant va le ménage ! » Le programme gagne en popularité, devenant facultatif dans les écoles primaires en 1922, et obligatoire en 1937. Après 1941, la formation acquise dans le réseau primaire peut être approfondie pour peu que les

Chez les Ursulines de Trois-Rivières, en 1916.

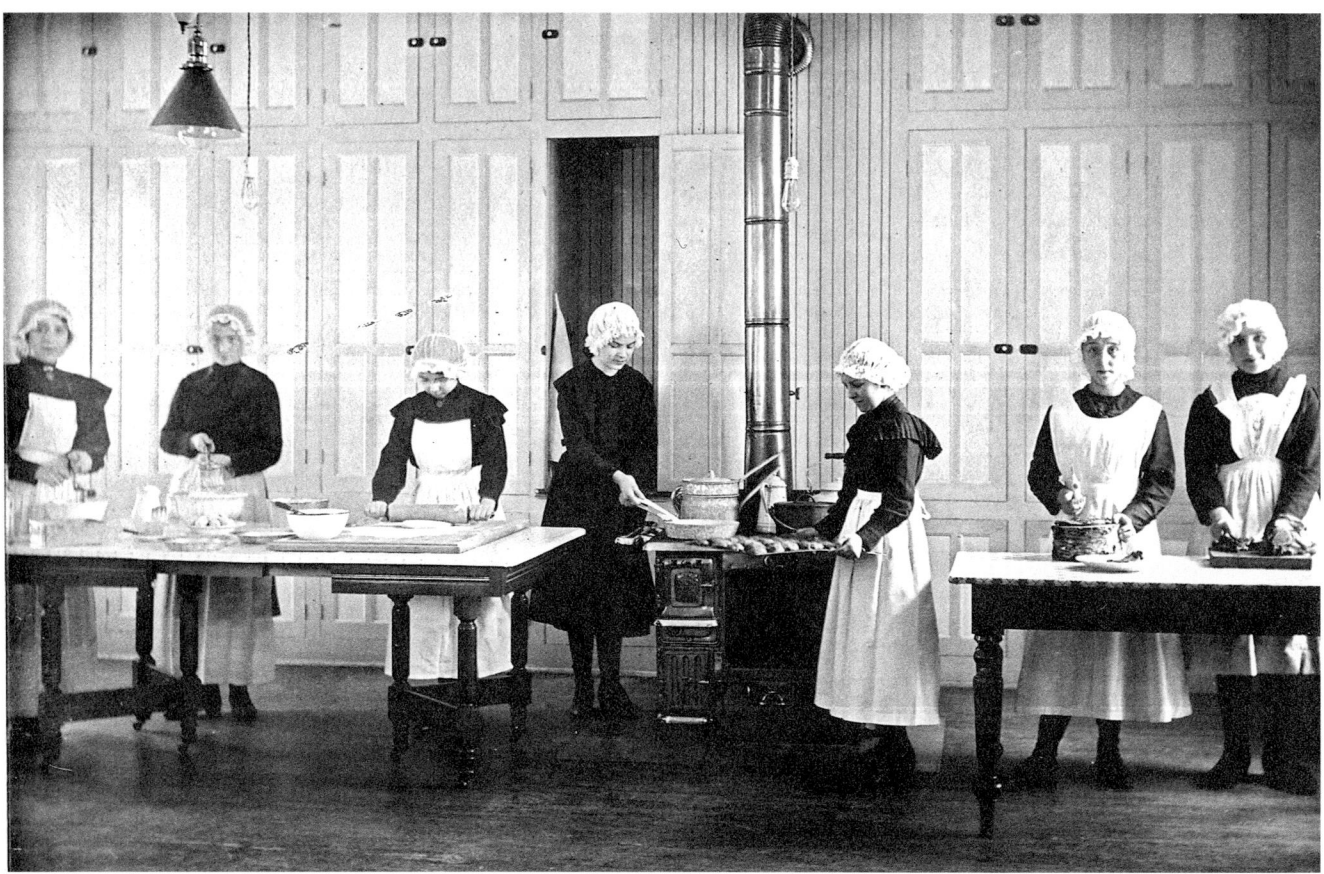

parents daignent inscrire leurs filles dans les « écoles moyennes » dont le niveau pédagogique est inférieur à celui des écoles ménagères proprement dites. La clientèle de ces écoles moyennes est principalement d'origine rurale et elle adhère encore, quoique avec tiédeur, au principe mis de l'avant par des institutions qui continuent de préconiser la transmission de connaissances différentes pour les filles et pour les garçons.

En 1950, peu avant que ces institutions se fassent connaître sous le nom d'Instituts familiaux, il existe une quarantaine d'écoles ménagères

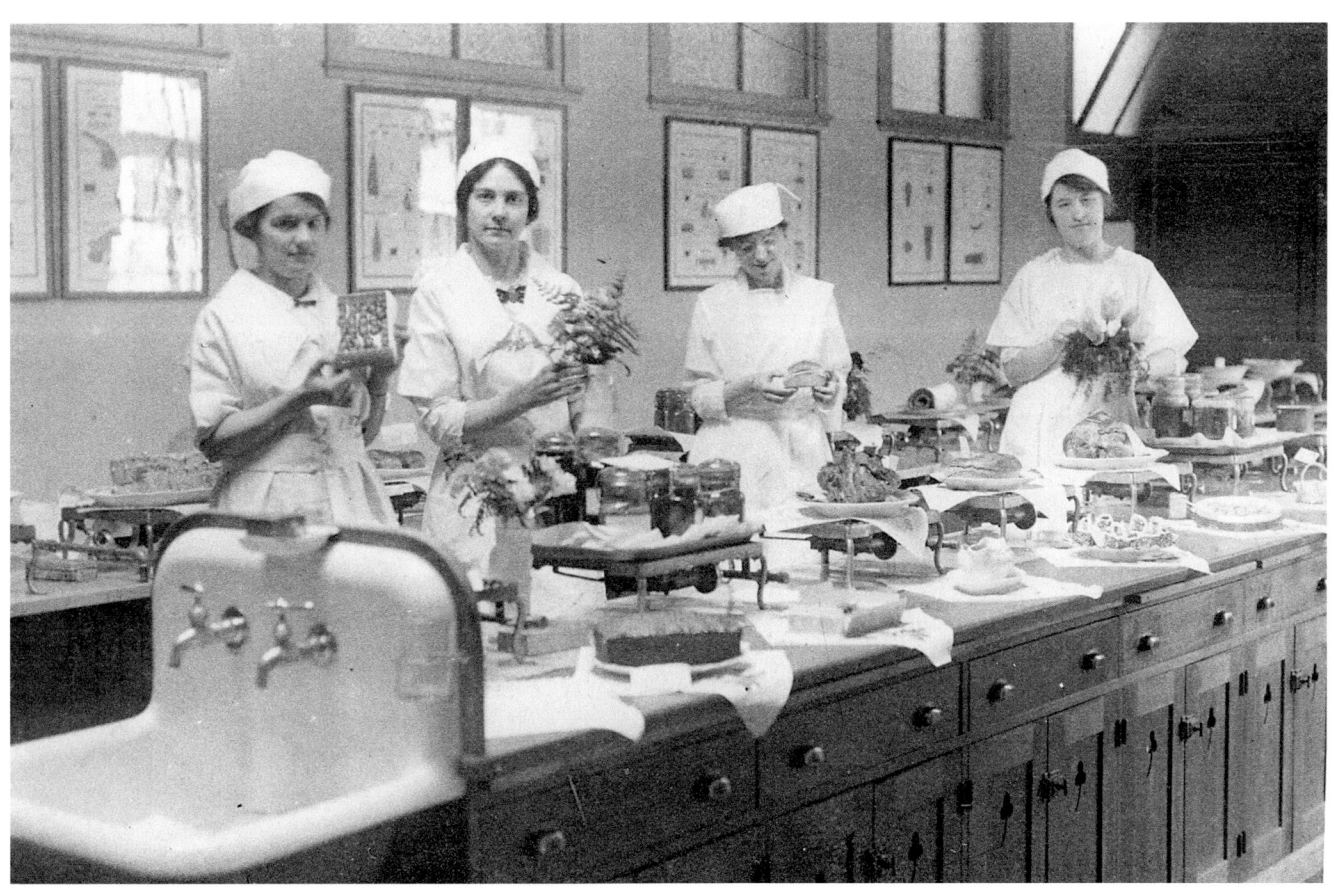

À l'École ménagère provinciale, en 1920.

et soixante-dix écoles moyennes. La matière entre à l'Université de Montréal, en 1942, pour les finissantes de l'École supérieure de pédagogie familiale d'Outremont et bientôt à l'Université Laval pour les diplômées de l'école supérieure ménagère des Sœurs de la Congrégation de Notre-Dame qui dirigeaient, depuis 1905, l'École supérieure de sciences domestiques à Saint-Pascal de Kamouraska. En 1963, le glas sonnait pour l'enseignement ménager: les commissions scolaires avisèrent le personnel spécialisé de leurs écoles primaires que leurs contrats ne seraient pas renouvelés. Le nouveau ministère de l'Éducation venait de constater que les filles qui apprenaient à faire des gâteaux à l'école obtenaient des résultats scolaires inférieurs aux autres.

Une école ménagère en 1929.

CI-CONTRE

Dans la cuisine de l'École de Saint-Pascal de Kamouraska, vers 1950.

CI-DESSOUS

Cours de couture à l'École ménagère provinciale.

CI-DESSUS

Confection de chapeaux à l'École ménagère provinciale.

CI-CONTRE

Cours dispensés à de futures modistes par le YMCA de Montréal, vers 1960.

Cours de coupe et de couture à l'école ménagère de Shawinigan, en 1931.

Cours pratiques donnés dans un magasin par une représentante de la « Poudre Magic » utilisée dans la confection des gâteaux. L'apprentissage de la cuisine et de nouvelles recettes se faisait aussi par le biais des manufacturiers de produits alimentaires.

Jehanne Benoît, née à Montréal en 1904, diplômée de la Sorbonne et de l'École le Cordon Bleu, connaît la célébrité vers l'âge de 30 ans. Elle est l'une des premières Québécoises à enseigner la cuisine à travers des articles dans les journaux, des émissions de radio et de télévision ainsi que par des cours de cuisine privés.

Originaire de Sainte-Eulalie, où elle est née en 1902, Françoise Gaudet Smet devient chroniqueur à *La Tribune* de Sherbrooke où elle signe ses articles sous le pseudonyme Francesca. Elle distribuera ses conseils théoriques et pratiques dans la plupart des médias. Elle s'était fait connaître en 1938 en créant la revue *Paysana*, qui prônait le retour ou le maintien à la terre des familles canadiennes-françaises. Ici, lors du lancement de *Pointes-Folles*, un ouvrage sur la courtepointe.

En plus des nombreuses émissions de télévision auxquelles elle a participé, sœur Berthe Sansregret a animé des cours privés principalement fréquentés par des hommes, dans les cuisines institutionnelles des Sœurs de la Congrégation de Notre-Dame, rue Stanley, à Montréal. Elle était connue dans le milieu de la gastronomie au Canada et en France.

Pour le meilleur et pour le pire

Propagande subliminale sur le thème de la séduction : il est bien connu, messieurs, que les femmes ne résistent pas au charme de l'uniforme, alors pourquoi ne pas vous enrôler !?

Une fille travaillante! Séance de repassage au fer électrique et flirt au magasin général, dans la région de Gaspé, en 1952.

SOUS L'INFLUENCE DE L'ESPRIT un peu contrit qui empoussiérait la fin du XIXe siècle, la beauté, le style et la personnalité de la Canadienne française deviennent suspects. On tient la « créature » responsable des tentations et des chutes de l'homme. Est-elle l'instrument de Dieu ou du Diable ? À la veille de l'Exposition universelle de Paris, en 1900, une brochure publiée par le Conseil national des femmes du Canada dans le but de stimuler l'immigration française présente un portrait du Québec moderne dans lequel la Canadienne est parée d'innombrables qualités. Il n'est pas de « meilleure ménagère ». C'est elle, la « redoutable ennemie des microbes ». Cet être d'abnégation est « éclairé » par « l'idée religieuse » et, surtout, surtout, elle n'est pas coquette.

Les auteurs de l'époque s'entendent : il ne faut pas dire à la créature qu'elle est belle. Et quand elle l'est encore, « même après que la lune a montré son dernier quartier », ce ne doit être que pour plaire à son mari. Cette poétique allusion au vieillissement reflète parfaitement ce qu'on attend de la Canadienne qui doit se flétrir et rapidement cesser de plaire : « Ses quarante ans n'ont pas sonné, lit-on encore dans *Les Femmes du Canada : leur Vie et leurs Œuvres*, que, d'elle-même, elle prend sa retraite, renonce aux couleurs voyantes dans sa toilette et se range enfin parmi les douairières. »

Des femmes lettrées se mêlent au flot des hommes qui signent de prénoms féminins leurs articles et leurs rubriques de conseils. À l'unisson, ils invitent la Canadienne qui a entrevu sa beauté à ignorer ce don et même à le considérer comme une affliction. Ces auteurs publient des articles méprisants et pour être plus percutants, ils n'hésitent pas à réaliser des entrevues fictives qui mettent en scène un amoureux, un fiancé et même un mari désabusés. « Désabusé par quoi au juste », demande l'auteur d'un texte ? Et voilà ce fiancé imaginaire fouillant devant lui son cœur et qui, la larme à l'œil, s'avoue prêt à rompre ses fiançailles. « Pourquoi ? Pourquoi ? », demande l'auteur qui précise que son interlocuteur est en possession de tous ses moyens, et que c'est

Couple devant la première succursale de la Banque canadienne de commerce de Val-d'Or, en Abitibi, en 1934.

la simple lucidité qui le pousse à s'interroger sur le sens ultime du couple et à renoncer à son mariage. À cet hyménée-là du moins, car le pauvre s'est mis à craindre et à mépriser la beauté de l'aimée. « Mais pourquoi ? demande encore l'auteur, pourquoi craignez-vous cet état de grâce propre à cette femme ? » Et la réponse fuse, où l'on pressent que l'homme voudra épouser une femme laide : « Une fois les premiers mouvements de passion conjugale éteints à jamais, elle ne serait qu'un joli bibelot. »

Si des femmes, également cachées sous des pseudonymes masculins, prennent la défense des femmes, il en est d'autres qui les accablent. Certaines, enveloppées du prestige de leur nom de femme mariée, n'hésitent pas à donner raison aux hommes qui prétendent que l'intelligence est rare chez la femme belle car elle est pétrie de nombreux « travers » dits féminins. À ce qu'on lit dans les journaux, la femme belle est coquette, menteuse, aguichante, gaspilleuse et superficielle.

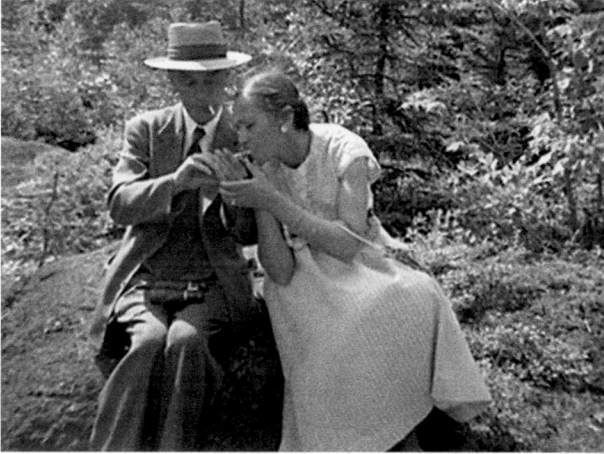

Une petite touche ? En 1930, fumer est à la mode. C'est d'un tel chic que les femmes sont invitées à s'habituer au tabac comme les actrices des films à la mode.

Même si le XXe siècle est un chantier où rien n'échappe au désir d'évolution, ces idées reçues ont la vie dure. En 1936, on a déjà inventé l'automobile, l'aspirine, l'avion à moteur, le grille-pain, le papier mouchoir, la pénicilline et le monopoly. Au Québec pourtant, on se pose des questions fondamentales. La belle créature est-elle « un péché » comme le prétendent certains « directeurs d'âmes » de collèges pour garçons ? « Non. Mais, ça dépend », répond un célèbre prêtre-conférencier qui affirma devant les membres de la Société royale du Canada que la femme n'était pas un péché pour l'homme, seulement « une occasion de péché ».

L'expression de la beauté féminine évolue au rythme où la société canadienne-française s'imprègne de modernité. Jusqu'au milieu du XXe siècle, le fossé s'élargit entre le discours des bien-pensants et la force tranquille des jeunes filles et des femmes qui s'épanouissent avec aisance aux côtés d'hommes que l'activisme du clergé indiffère. Des hommes qu'elles attirent, qui ne les craignent pas et qui les aiment !

PAGE PRÉCÉDENTE

Sous l'écorce du bouleau qu'il s'apprête à détacher, il gravera leurs prénoms, un cœur et une date : 1955, région de Québec.

Ronde de skieurs à Rawdon, dans les Laurentides, en 1939 ; avant de repartir à bord du train qui les ramènera à Montréal.

Journée de fiançailles pour Orise Gourd et Raoul Brault, en 1939.

Shower. Avril 1946, quelques semaines avant son mariage, Yvonne Fluet reçoit ses amies pour un dernier rendez-vous au féminin.

Rendez-vous des jeunes et des moins jeunes. File d'attente au manège des montagnes russes au parc Dominion, inauguré en 1906, en bordure du fleuve Saint-Laurent, dans l'est de la ville de Montréal. Un incendie, survenu en 1919 à cet endroit précis, fera sept victimes parmi les visiteurs de ce parc dit « à l'américaine ».

Gilberte Lapointe, attendant d'aller faire virevolter sa crinoline au bras d'un cavalier.
(Montréal, vers 1950)

Interdit de toucher. Soupçonnés du pire, les fiancés sont chaperonnés. Ici, Reina Paquette, sa sœur de la communauté des Sœurs de la Providence, et André Comte, fiancé de Reina, dans la maison paternelle, vers 1950.

Le Beauty Parlor, élégant salon de coiffure situé rue Sainte-Catherine Ouest,
à un pas de l'ancien Forum de Montréal. Ici, les propriétaires originaires du Bas-Saint-Laurent,
Olivette et Marie Théberge, en 1948.

L'art de plaire

Depuis le XVIIe siècle et l'émergence, en Amérique du Nord, d'une première génération de femmes d'origine française, des administrateurs, des missionnaires, des visiteurs et des touristes ont témoigné de la beauté de celle que, jusqu'au milieu des années 1950, on a appelé la Canadienne. Ils ont également souligné sa coquetterie, sa vanité, son penchant pour le luxe et noté que ces traits étaient plus généralement visibles chez la Montréalaise délurée que chez ses compatriotes de Québec ou de Trois-Rivières. Un siècle est à peine passé que la Canadienne profite du tout petit confort qui vient aux défricheurs propriétaires de leur bien. On lui reproche alors un rien de nonchalance assortie d'un goût pour les plaisirs, dont la danse et la conversation, ainsi que pour la compagnie des hommes avec lesquels elle fraternise sans complexe.

En 1927, Raoul-Jean Fouré arrive tout droit de Paris pour exercer, à Montréal, un métier qu'aucun homme n'a encore pratiqué dans cette ville : la haute-couture. D'autres noms se joignent rapidement au sien et s'imposent auprès d'une clientèle cosmopolite et bien argentée : Ida Desmarais, Gaby Bernier, Marie-Paule Nolin et Yvette Brillon, la célèbre modiste dont les chapeaux sont essentiels à toute tenue parfaite. Grâce à ces créateurs et à ceux qui vont suivre, Montréal devient le Paris du Canada et, les meilleures adresses étant situées rue Sherbrooke Ouest, celle-ci est surnommée la Fifth Avenue du Canada. Ici, Raoul-Jean Fouré dans son atelier, vers la fin des années 1950.

Marie-Paule Nolin ouvre son salon de couture à Montréal, en 1936. Elle s'impose comme une créatrice d'avant-garde, élégante et d'une grande sobriété.

CI-CONTRE

Apprentie modiste particulièrement douée, Yvette Brillon échappe aux règles qui maintiennent ces artisanes dans les arrière-boutiques. Sa maison ouvre ses portes au milieu des années 1930 et donne le ton au Québec jusqu'à la fin des années 1960, au moment où la fréquentation des églises diminue et que le port d'un couvre-chef dans les églises n'est plus obligatoire. Ainsi passa la mode des jolis chapeaux et des gants assortis.

CI-DESSOUS

Si les mœurs avaient évolué depuis le début du XXe siècle, les femmes sont restées farouchement attachées au corset qui les accompagne jusqu'à l'aube de la Révolution tranquille. Pour camoufler les formes des jeunes filles, on leur imposait même la gaine en lycra. Ici, ouvrières de la Dominion Corset, dans le quartier Saint-Roch, à Québec, en 1957. Cette usine était la plus importante du genre au Canada.

Égales devant la mode. Bras dessus, bras dessous dans une rue de Montréal, en 1943.

La carrière du mannequin Élaine Bédard prend son envol au début des années 1960, quand elle fait son entrée à la télévision nationale. Sa popularité rejaillit sur l'école de mannequin qu'elle crée et qui permet à nombre de jeunes filles d'exercer le métier de mannequin, métier qui connaît un essor au Québec où plusieurs agences spécialisées voient le jour.

C'est le hasard qui conduit Lise Watier dans un studio de Télé-métropole où elle décroche un contrat publicitaire. En 1968, elle est une figure connue de la télévision quand elle démissionne pour ouvrir une école de personnalité et de maintien où les « étudiantes » affluent. Quelques années plus tard, elle crée une marque de produits cosmétiques portant son nom.

Pour la protection des jeunes filles : le Chaînon

Kiosque d'information à la gare Centrale. Les bénévoles ont pour mission d'intercepter les jeunes filles et de les aider dans leur recherche de ressources. Certaines sont dirigées vers d'autres villes et d'autres vers les foyers et des familles honorables.

On lui disait que la ville, la grande ville, n'était pas faite pour elle. Pourquoi n'aurait-elle pas eu le droit de partager le banquet de celles qui revenaient au village dans une jolie toilette, au bras de messieurs élégants qui conduisaient de belles voitures noires ? Des messieurs polis qui poussaient la discrétion jusqu'à rester dans la voiture pendant que leur belle faisait une saucette d'une petite heure devant une famille alarmée par cette prospérité et ce bonheur soudains ainsi que par l'annonce de fiançailles jamais conclues.

En définitive, elle était certaine d'être faite pour la ville et la vie brillante qui l'y attendait. Si elle y venait seule et sans adresse où loger, le monde qu'elle découvrait en descendant du train, à Québec ou à Montréal, était inquiétant. Parmi ces oies blanches, les moins chanceuses tombaient le jour même de leur arrivée dans le piège de la prostitution. Au début, tout se déroulait gentiment, jusqu'au jour où, un service en attirant un autre,

Maison de la rue de La Gauchetière. Le déplacement de l'Institut vers la rue de l'Esplanade, en 1974, a suscité un changement de nom. On parle désormais de l'Association d'entraide Le Chaînon.

Yvonne Maisonneuve, à droite, et Lauriane Langlois, devant l'Institut Notre-Dame de la Protection, rue de La Gauchetière Ouest, à Montréal, en 1949.

il lui fallait rendre son dû au beau chevalier de la gare Windsor ou de la gare Centrale.

Une bénévole, Yvonne Maisonneuve, entre en scène pendant la crise économique de 1929 pour venir en aide à ces jeunes filles. En 1932, elle crée l'Institut Notre-Dame de la Protection dans un logement de la rue Fairmount, à Montréal. Conformément au vœu de la laïque qui ne veut pas entrer en communauté, l'organisme vit de dons, quêtant chaque jour sa pitance et celle de ses protégées. De 1940 jusqu'en 1974, l'institut se retrouve au 101 de la rue de La Gauchetière où, en plus des jeunes filles, il recevra les femmes en difficulté et ensuite, les fillettes en danger.

En 1944, sœur Marie Gérin-Lajoie écrit, dans la revue *Relations*, que 100 000 jeunes filles sont venues de la campagne s'employer en ville. Elle s'inquiète de leur sort car les salaires versés à ces adolescentes sans instruction étant dérisoires, elles ne peuvent pas être autonomes. Marie Gérin-Lajoie fait le décompte des foyers, des chambres sans pension et des maisons d'accueil qui peuvent les recevoir. Elle ne produit pas de chiffres pour les Sisters of Service et le YMCA de Montréal, mais elle précise qu'il existe trois foyers à Québec, deux à Ottawa et quatorze à Montréal. Dans cette dernière ville, seulement 600 lits par mois sont disponibles alors que chacun des foyers existants refuse plus d'une centaine de demandes par mois…

L'humoriste Yvon Deschamps et Judy Richards sont impliqués dans la survie du Chaînon qu'ils soutiennent depuis 1971. Ici, lors de l'agrandissement du coffre aux trésors, en 1995.

L'odyssée des enfants des filles tombées

Combien de filles sont tombées ? Silencieuses, elles ont plongé dans la culpabilité dès la puberté quand, en guise d'éducation sexuelle, on leur enseignait que leur salut était dans la fuite et que, quoi qu'il advienne, elles porteraient la responsabilité des abus commis contre elles. C'est à elles qu'on reproche d'avoir été séduites par un oncle, un cousin, un père, un frère ou un bourgeois (l'employeur d'une bonne) trop entreprenants. C'est à elles qu'on reproche le viol ou l'abus et on les condamne à vivre dans un huis-clos dont elles sont, avec l'enfant qui naît dans la honte, les seules victimes. Pour les punir encore un peu, on leur refuse même l'accouchement sans douleur dont bénéficient les femmes mariées. L'homme n'est jamais nommé et dans les articles où le phénomène est évoqué, on dit que les jeunes filles sont tombées entre les mains de tenancières de maison de mauvaise vie...

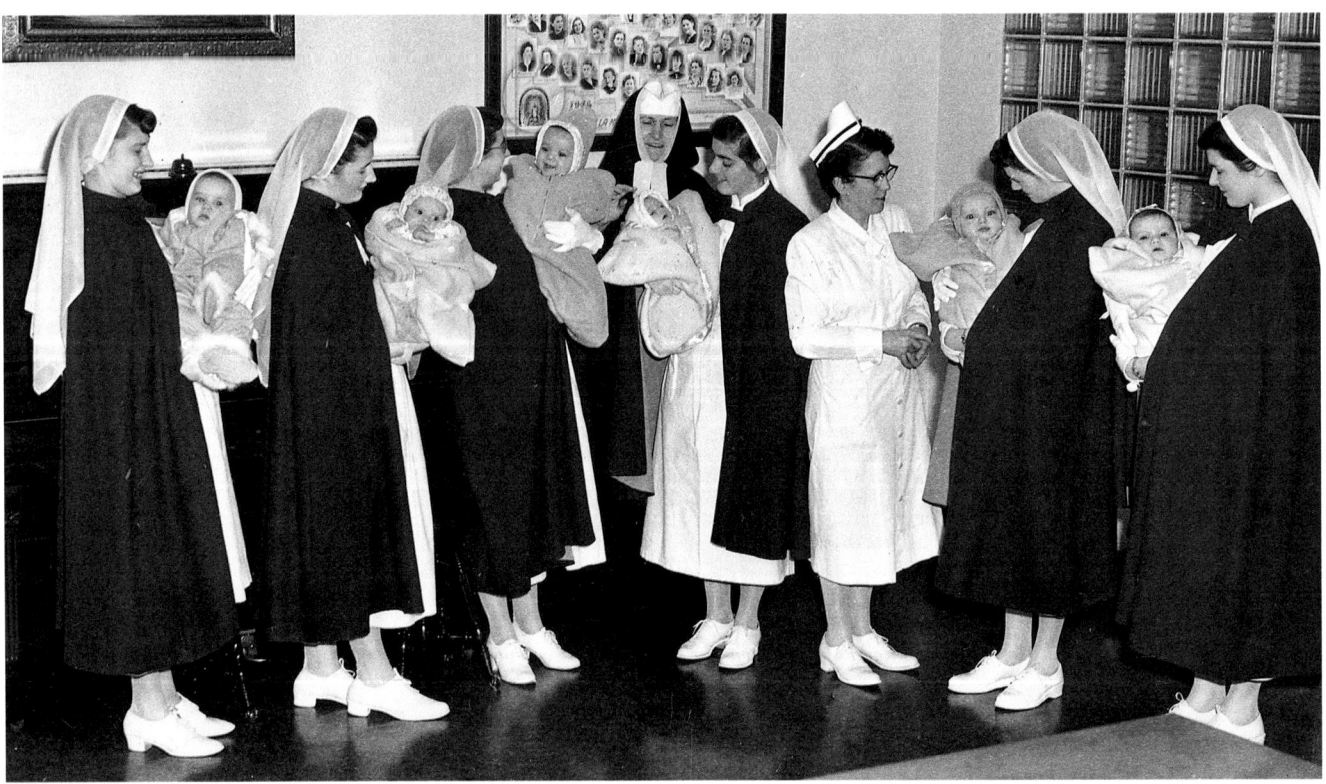

Rassemblement de religieuses et d'infirmières portant des enfants destinés à l'adoption, dans le hall d'entrée de la Crèche de la Miséricorde, à Montréal, vers 1950. Direction : gare Centrale.

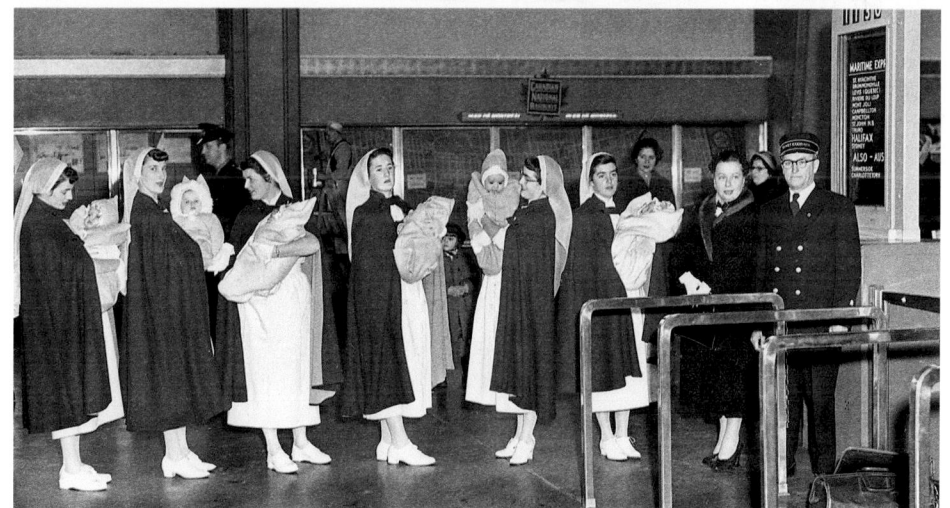

CI-DESSUS

Accueil des enfants à la gare de Saint-Anne-de-la-Pocatière.

CI-CONTRE

À la gare Centrale, départ d'enfants devant être adoptés dans le diocèse de Sainte-Anne de La Pocatière où ils seront pris en charge par le service social de l'enfance et de la famille.

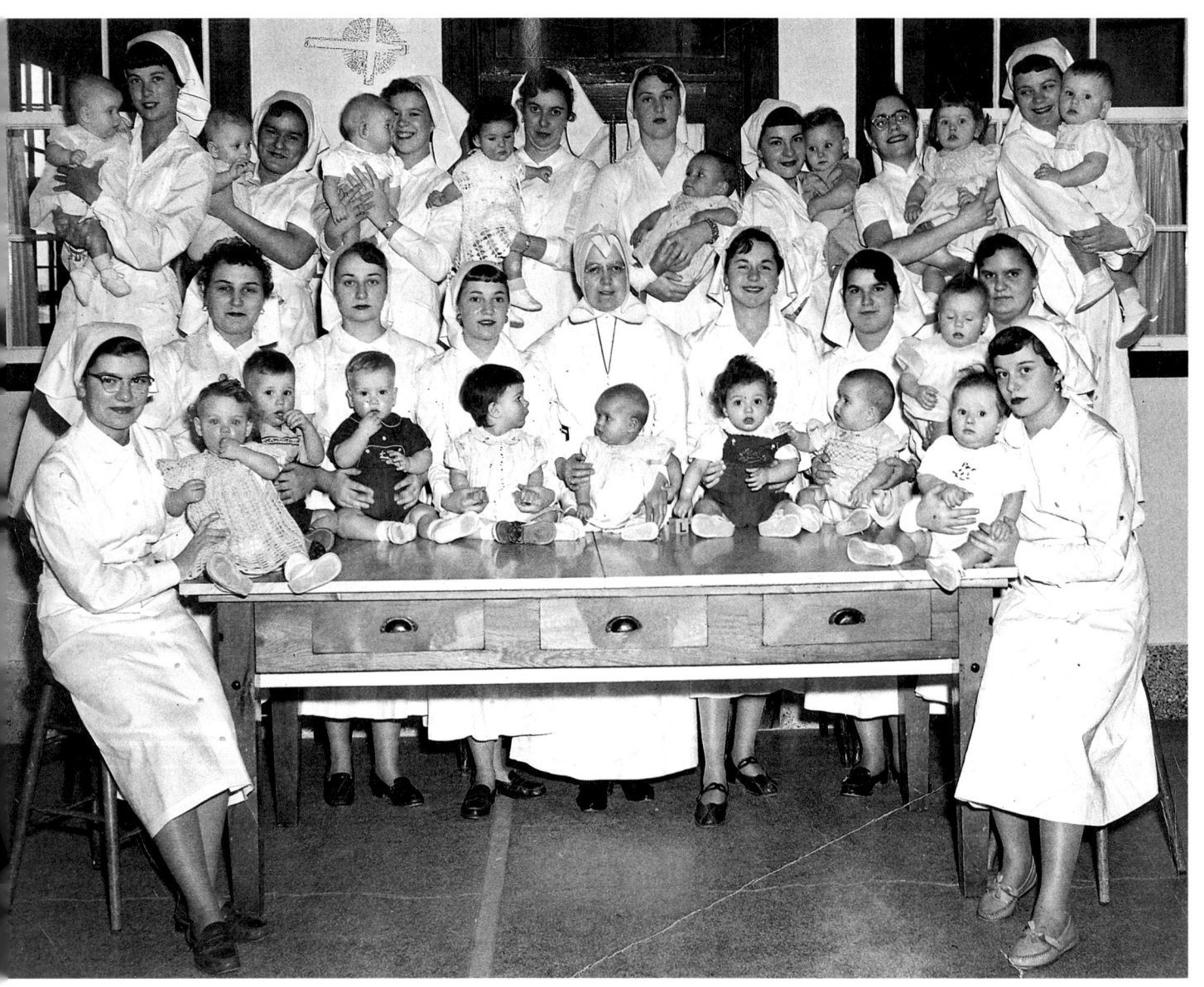

À Sainte-Anne-de-la-Pocatière, en attendant d'être dirigés vers les familles d'adoption.

Le grand jour

Les cours d'économie domestique portent fruit, les gâteaux de noces sont encore confectionnés à la maison. (Québec, 1959)

Mariée et ses filles d'honneur, à Montréal, vers 1950.

Zoé Fluet, née à Saint-Éphrem de Beauce, et Frank Drouin, mariés à Skohegan dans l'État du Maine, vers 1900. Ils ne sont jamais revenus vivre au Québec.

CI-DESSUS

Orise Gourd et Raoul Brault, à Montréal, en 1939.

CI-CONTRE

Thaïs Lacoste, en route vers l'église où elle épousera Charles Frémont. Originale et délurée, cette activiste est de toutes les luttes en faveur des droits, du statut et de la santé des femmes. En 1932, elle représente le Canada à l'assemblée de la Société des Nations, à Genève.

Paule Cloutier et André Daveluy, le 26 juin 1944, à l'église Saint-Denis, rue Laurier, à Montréal.

Un soldat et sa conquête, le 15 juillet 1944, devant l'église de Saint-Henri, à Montréal.

CI-CONTRE

En route pour leur réception de mariage, Reina Paquette, devenue madame André Comte, à Montréal, en 1947.

CI-DESSUS

Les couples de jocistes, dont certains s'y rendent par tramway, en route vers l'hôtel Windsor, rue Peel, à Montréal, pour le repas de noces.

CI-CONTRE

Le 23 juillet 1939, quelques semaines avant le déclenchement de la Deuxième Grande Guerre, 105 couples se forment en réponse à l'appel du Mouvement de la Jeunesse ouvrière catholique en faveur du mariage et de la famille. Ils sont mariés sur le terrain du stade De Lorimier devant la foule rassemblée dans les gradins.

Noces à la maison d'Aldège Lapointe, contremaître dans une usine de sciage, à Mont-Saint-Michel, près de Ferme-Neuve, dans les Laurentides, vers 1940. Comme c'était le cas dans plusieurs villages où une femme se spécialisait dans la confection de gâteaux de mariage, celui que tiennent les mariés est l'œuvre d'Isabel McKale.

Les voiles sont tombés, le joli costume de voyage de noces a été enfilé :
c'est le temps de partir !

Claire Kirkland Casgrain, première femme élue à l'Assemblée législative du Québec, pilote le projet de loi 16 qui doit mettre fin à l'incapacité juridique de la femme mariée. Le 1er juillet 1964, un siècle après leurs consœurs des autres provinces canadiennes, les Québécoises cessent d'être subordonnées à leur mari et le concept de partenariat de l'homme et de la femme dans l'union maritale se dessine. En 1969, année où cette mariée disait OUI, le régime de la société d'acquêt remplaçait celui de la communauté de biens.

Vie de couple

CI-DESSUS

Couple en prière à la croix de chemin. Au milieu du XXe siècle, l'éducation religieuse des jeunes filles et des jeunes gens imprègne la plupart des aspects de leur existence. Ainsi, parmi les conseils sur le choix d'un conjoint, on insiste sur l'importance d'une union entre deux personnes croyantes et pratiquantes. Comme le veut la coutume, en signe de respect pour le Christ en croix, l'homme a retiré son chapeau.

PAGE SUIVANTE

Le couple est la base véritable de la société telle que voulue par l'Église et l'État : le mariage fonde la famille, la famille crée la paroisse, la paroisse crée la nation et la nation crée l'État. Ici, à Chicoutimi, en 1920, un couple et un chargement de foin.

CI-DESSUS

Halte touristique pour les estivants qui séjournent à La Malbaie, au début du XXe siècle. Entre un bain de mer et un match de tennis, les couples en mal d'exotisme s'évadent vers un camp huron où les souvenirs en peau d'orignal et la vannerie, en particulier les paniers en bois de frêne, sont en vedette.

CI-CONTRE

Tous à la fête! Embarquement de couples pour la traversée de la rivière Chaudière, à Notre-Dame-des-Pins, en Beauce, en 1925.

PAGE PRÉCÉDENTE

Couple aux labours à La Tuque, en Mauricie, en 1926.

Monsieur et madame Siméon Fortier de Saint-Isidore de Beauce, vers 1900.

Devant Rimouski, en 1920.

Depuis 14 heures, le lundi 30 juillet 1917, jusqu'à six heures le lendemain matin, la Beauce est frappée par ce qu'on a appelé le « déluge d'été ». Endimanchés et stoïques devant l'épreuve, les membres d'une famille posent pour la postérité. En contrebas, la Chaudière et la partie riveraine de Saint-Georges momentanément séparée du reste du village.

Régates au Château d'eau, Lac-Saint-Charles, vers 1930.

Halte sur les galets dans la région du lac Témiscouata, en 1920.
De gauche à droite, Fred Dumais et sa femme (de Van Buren, Maine),
Suzanne Cloutier, M. Dumais, Richard Cloutier et Marie Cyr.

Aux bleuets, près de Sawyerville, dans les Cantons de l'Est,
vers 1900.

Quelque part dans la région du Bas-Saint-Laurent, vers 1910.

Édouard Martin et sa femme Berthe Bolduc, dans les bois du Bas-Saint-Laurent, vers 1950.

Dans la salle de bal de l'hôtel Standish à Hull, dans l'Outaouais, vers 1940.

Jour de l'An 1965, à l'hôtel Saint-Louis de Hull. Mariés le 31 mai 1964, Nicole Fauvelle et Réal Jolicoeur célèbrent en buvant de la bière. Un conflit de travail à la Régie des Alcools du Québec freine, depuis le 4 décembre précédent, l'élan des amateurs d'alcools et de vins qui se contiennent jusqu'au 19 février 1965, jour où les magasins rouvrent enfin leurs portes.

CI-DESSUS

Un père franciscain et un groupe de femmes en retraite fermée au foyer Saint-Joseph d'Amos, en 1952. Le devoir des mères face à la religion et à la famille est au cœur de ces huis-clos.

CI-CONTRE

Au mois de juillet 1958, cinq sœurs d'une même famille de Mistassini sont enceintes en même temps.

Empêcher la famille

Les amoureux abordent le mariage comme un projet de vie harmonieuse. Pourtant, quand la porte de la chambre nuptiale se referme sur eux, ils sont forcés d'affronter un ou deux sujets qui les ont suivis jusque sous les draps : sexualité et procréation. Chaperonnés, peu de couples avaient goûté aux choses du sexe et, sauf quelques dégourdis, bien des hommes ignoraient jusqu'à la manière de s'y prendre. Angoisse donc, au pied du lit où, dès le premier soir, se pose la question des précautions à prendre pour retarder, de quelque temps peut-être, le plaisir de serrer sur son sein l'enfant de l'amour et de l'ignorance. Les cours de préparation au mariage parlaient de ces choses dans des termes clairs et vagues à la fois d'où il ressortait principalement que les mariés avaient le droit d'avoir des rapports sexuels et le devoir de procréer. L'usage de contraceptifs tels que le condom, les gels contraceptifs, les stérilets de fabrication domestique, le coït interrompu et autres manœuvres physiques visant à empêcher la fertilisation de la femme conduisaient en enfer. En 1920, deux savants, Kiusaku Ogino et Hermann Knauss, révèlent au monde qu'il est possible de pratiquer la contraception en observant tout simplement le cycle mensuel. L'Église ne rejette ni cette méthode ni celle de l'allaitement prolongé, à condition que les époux fassent montre de bonne volonté en ayant un nombre raisonnable d'enfants. Plus ou moins efficace, la méthode Ogino-Knauss est pratiquée au Québec jusqu'à la fin des années 1960. En 1969, le Parlement canadien décriminalise la contraception. La promotion et la vente de produits contraceptifs cesse donc d'être illégale, mais l'avortement reste un crime.

Le sujet du libre choix quant au nombre d'enfants qu'on veut avoir devient plus sensible quand les femmes revendiquent le droit de mettre au monde seulement les enfants qu'elles veulent et quand elles le veulent, cela, sans consulter le père.

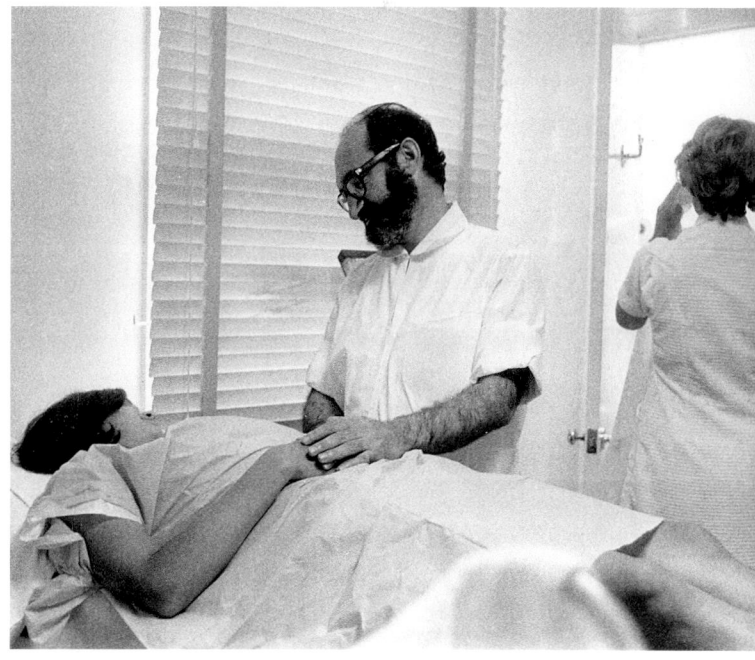

En 1968, le docteur Henry Morgentaler ouvre, à Montréal, la première clinique d'avortement au Québec. Le débat sur la personne des fœtus est lancé. Un an plus tôt, l'encyclique *Humanæ Vitæ* condamnait l'usage de la pilule contraceptive. Son usage devient légal au Québec l'année suivante.

CI-DESSUS

Septembre 1973, réunion du Comité pour la défense du docteur Henry Morgentaler qui est accusé de « complot en vue de pratiquer un avortement ». De gauche à droite, Béatrice Chiasson, Luce Guilbault, les docteurs Maurice Jobin et Yvan Machabée et Lise Payette. Acquitté, puis condamné en 1974 en Cour d'appel, le médecin est condamné à 18 mois de prison, peine qui sera écourtée par un deuxième acquittement.

CI-CONTRE

Manifestation de protestation contre l'arrestation du docteur Henry Morgentaler, à Montréal, le 12 juin 1970.

Manifestation pro-choix, à Montréal, en 1989.

En 1989, Jean-Guy Tremblay, conjoint de Chantal Daigle, fait intervenir les tribunaux pour empêcher la jeune femme de se faire avorter. Le 26 juillet, la Cour d'appel interdit à la jeune femme de se faire avorter parce que, à tout moment de la grossesse, le fœtus est considéré comme un être humain. Chantal Daigle défie le jugement et se fait avorter aux États-Unis. Ici, lors du lancement de son livre, *Le seul choix, le mien*, en 1990.

Maman, merci pour tout !

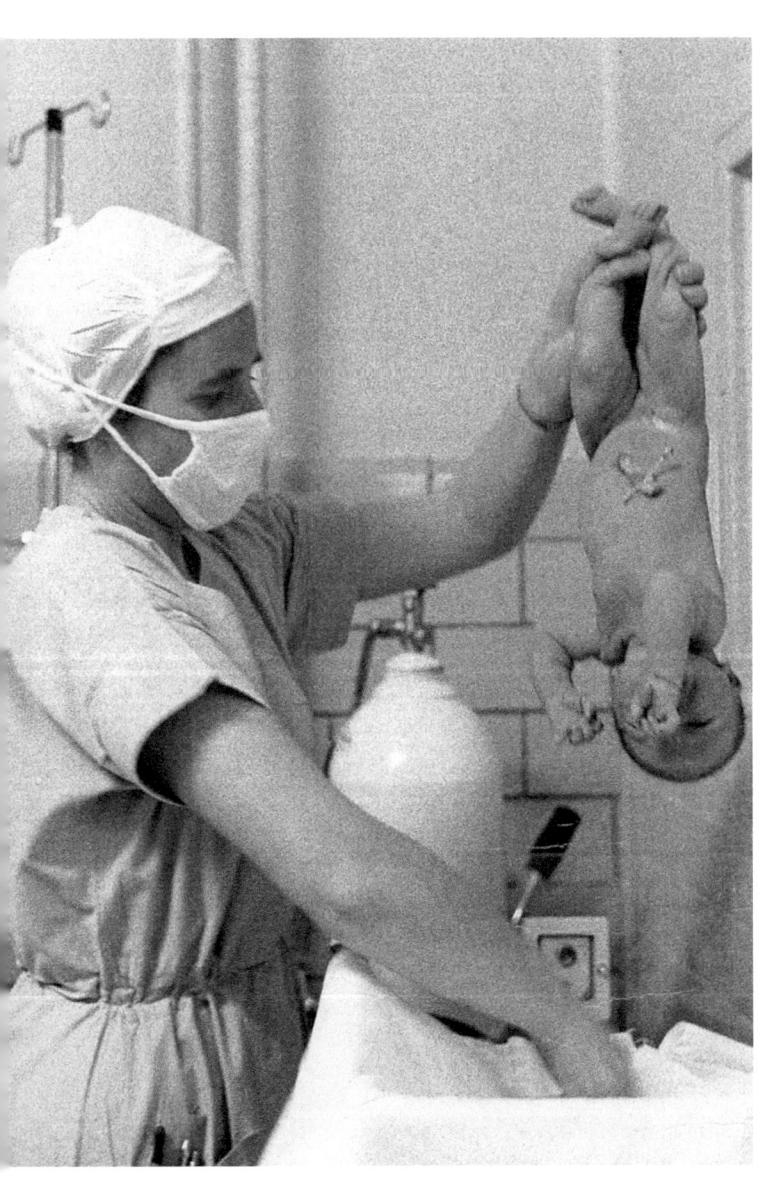

On peut dire qu'elles ont bien mérité les titres qu'on leur attribua au fil du XXe siècle pour dire à quel point on les admirait : Mère de la Nation et, au quotidien, L'Ange, la Gardienne et la Reine du foyer. Quand survint la Révolution tranquille, le ton n'était plus du tout le même. On aimait et vénérait maman dans l'intimité seulement. N'étant ni bête ni sourde, elle entendait bien le discours des leaders de toutes les causes en puissance et se voyait diminuée... Car, pendant que le cri pour la reconnaissance de la femme, pour le droit de vote et de représentation, pour le droit au travail et à l'éducation trouvait un écho par tout le Québec, on utilisa Maman comme le modèle de la femme qu'il ne fallait plus jamais être. Elle comprenait bien que la roue tournait, mais elle pleura sur un passé dont plus personne ne se souvenait.

Jusqu'à la formation du Service provincial d'hygiène en 1922, près de 95 pour cent des naissances ont lieu à domicile sous la supervision de médecins ou de sages-femmes aussi appelées accoucheuses. On préfère recourir aux services de ces dernières car leurs soins sont censés être moins coûteux que ceux des médecins pourtant souvent rétribués en produits divers. Dans certaines régions, médecins et sages-femmes coopèrent en toute confiance, mais la lutte contre la mortalité infantile s'attaque au travail des sages-femmes et contribue à médicaliser l'accouchement. Vers 1950, près de la moitié des naissances ont lieu en milieu hospitalier où, malgré la résistance de plusieurs médecins qui s'y opposent en raison de motifs religieux, les femmes qui l'exigent peuvent enfanter sans douleur.

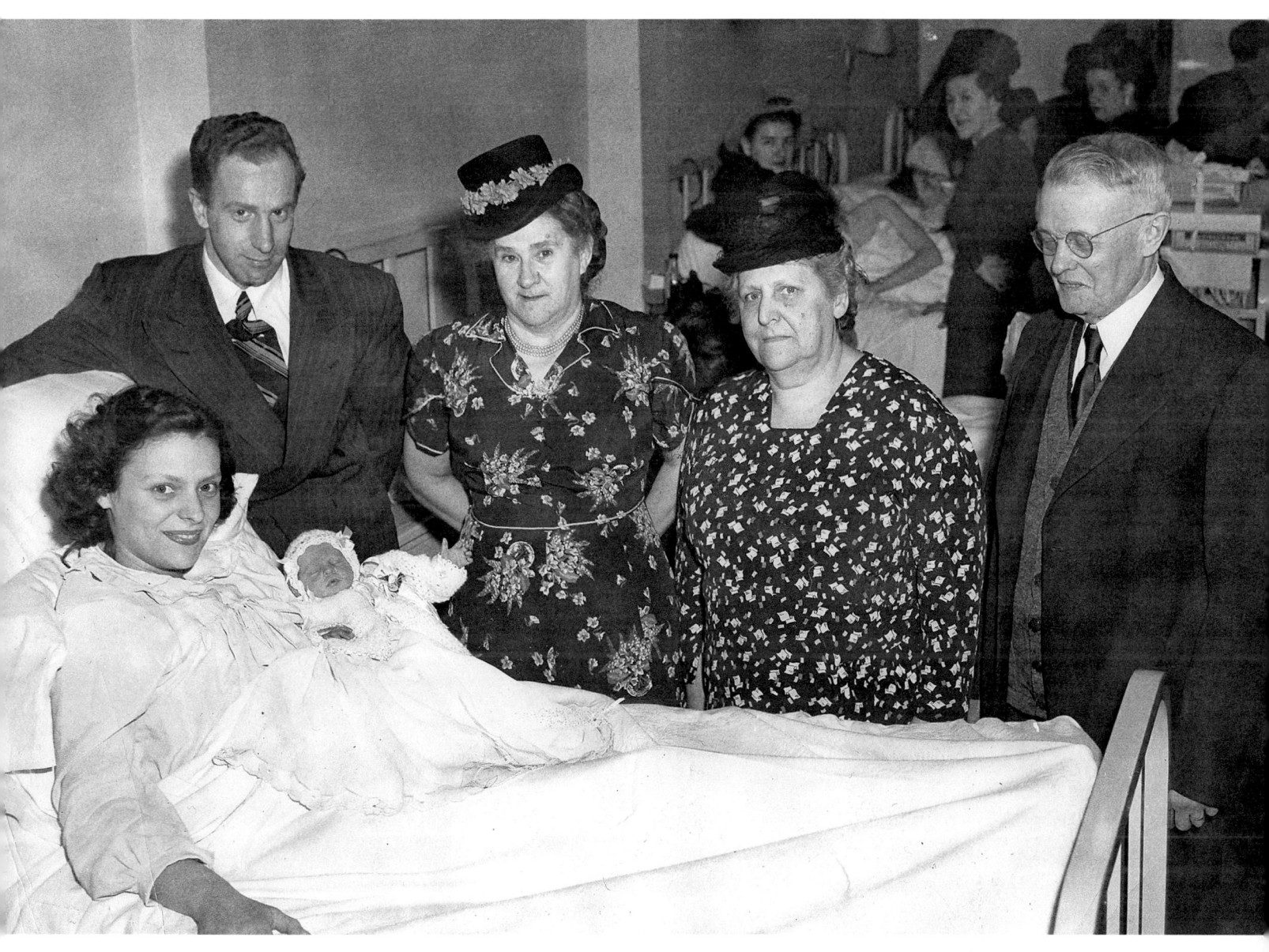

Chambre d'accouchées, lors de la naissance de Reine, fille de Reina Paquette-Comte, en 1949. De gauche à droite, André Comte et sa mère, Asilda Vallière-Comte, ainsi que les parents de Reina, Augustine et Arthur Paquette.

Maternelle

CI-DESSUS

Amérindienne et son enfant, en 1965.

CI-CONTRE

Amérindienne de Manouane,
en Haute-Mauricie, en 1950.

PAGE PRÉCÉDENTE

Femme innue de la Côte-Nord,
avec enfant, en 1947.

Nourricière

Avant l'apparition de ce qu'on appela les « chain stores », les marchands ambulants circulent dans les villes et les villages. Ici, achat de viandes au Château-Richer, en 1928.

Pomiculteur et cliente sur la place Jacques-Cartier, devant l'hôtel de ville et le monument Nelson, à Montréal, vers 1940.

CI-DESSUS À GAUCHE

Au mois de janvier 1914, une pénurie d'eau potable affecte Montréal où l'on procède à la distribution d'eau et de glace.

CI-DESSUS À DROITE

Les volailles sont vendues sur pied et choisies pour leur vitalité et leur santé ! Ici, au marché Bonsecours, à Montréal, au mois de juillet 1940.

CI-CONTRE

Madame Georges-Henri Mercier dans sa cuisine, à Cléricy, en Abitibi, vers 1955.

Infatigable

CI-DESSUS À GAUCHE

Aux bleuets, à Saint-Augustin, au Saguenay-Lac-Saint-Jean, vers 1940.

CI-DESSUS À DROITE

L'entretien du potager et les revenus qu'elles peuvent en tirer est souvent l'affaire des femmes.

CI-CONTRE

Petits brûlés chasse-moustiques, sur une terre de Lamorandière en Abitibi, en 1937.

Écossage et mise en conserve des haricots, en 1957.

Sertissage de conserves de tomates en plein air, à Québec, en 1953.

Économe

Tension lors d'un tirage au magasin de coupons Montpetit dans le quartier Hochelaga, à Montréal, vers 1950.

Prévoyante

Jour de l'An 1954. Pas un présent ne manque sous l'arbre de Noël des enfants Gendron, à Rivière-du-Loup.

Fière

En charrette à bœuf, près de Rameau, en Gaspésie, en 1936.

CI-DESSUS À GAUCHE

Fête des mères au Saguenay-Lac-Saint-Jean,
au mois de mai 1958.

CI-DESSUS À DROITE

Mère entourée d'enfants proprets,
dans la région de Québec, vers 1930.

CI-CONTRE

Mères assistant à la classe de ballet classique
de leurs filles au YMCA de Montréal,
vers 1960.

Protectrice

CI-DESSUS

Immigrante japonaise et enfants, à Montréal, vers 1930.

CI-CONTRE

Mère portant son enfant dans le métro de Montréal, en 1969.

Vie de famille

« Pour la terre et le foyer », allégorie traditionnelle, lors du défilé du centième anniversaire de Saint-Pacôme, le 24 juillet 1951.

CI-DESSUS

Arrivée de femmes et d'enfants venus rejoindre les prisonniers d'origine allemande, autrichienne et hongroise détenus au camp de Spirit Lake, en Abitibi, le 21 avril 1915.

PAGE SUIVANTE

Avance! Albina, Corrine, Thérèse, Alexandra et Antonia Arsenault, filles de Thomas Arsenault et de Marie-Rose Bourque de Bonaventure.

CI-DESSUS

En pique-nique dans l'est de Montréal, en 1910.

CI-CONTRE

En route pour un pique-nique dans l'est de Montréal, en 1910.

CI-DESSUS

Tablée familiale chez les Chénier dans la région de Buckingham, vers 1940.

CI-CONTRE

La famille Turcotte s'entraîne au billard, en Abitibi, vers 1915.

CI-DESSUS

Quelques membres des familles Lacoste et Gérin-Lajoie au lac l'Achigan dans les Laurentides, vers 1920. Les femmes issues de ces familles jouissent d'une liberté de parole et d'action. À l'extrême gauche, Marie-Louise Globensky et, à l'extrême droite, son mari, sir Alexandre Lacoste. Trois de leurs filles figurent sur cette photo : Marie, Justine et Jeanne.

CI-CONTRE

Aux foins, à East-Broughton, en Beauce, vers 1920.

Les enfants d'Évangéliste Sigouin, peu après leur établissement à Amos, en 1914.

Famille devant la maison de ferme à Saint-Isidore de Beauce, vers 1910.

Magasin général et bureau de poste de Wilfrid Pilon de l'Île Perrot, vers 1920. Fondé en 1899, l'établissement a été repris par Lucienne et Jeanne, deux des filles du couple Pilon. La rue Jeanne-Pilon à Notre-Dame de l'Île Perrot commémore le souvenir de cette femme qui anima le commerce familial.

Excursion à Saint-Denis de Kamouraska, en 1924. Les adultes sont, de gauche à droite : Henri Pinet, Isabelle Chassé-Martin, madame Henri Pinet, Jeanne Demers, Wilfred Laforest et Marie-Louise Lebel, sa femme. Au premier plan, deux des enfants Pinet, suivis de Madeleine Martin, Yvonne Raymond et Paul-Édouard Martin.

CI-DESSUS

Pas un instant de répit pour cette mère corvéable de Saint-Elzéar, en Gaspésie, vers 1940.

CI-CONTRE

Aux foins, à Chénéville, dans l'Outaouais, vers 1930.

CI-DESSUS

Algonquins du lac Abitibi, vers 1935.

CI-CONTRE

Couple et enfants mohawks de Kahnawake en costume traditionnel. Quand cette photo a été prise, vers 1950, la réserve amérindienne Kahnawake, située vis-à-vis des rapides de Lachine sur la rive sud du fleuve Saint-Laurent, était familièrement appelée Caughnawaga.

Retour de la chasse à l'ours de résidents de Szeptyki, la colonie ukrainienne du lac Castagnier, en Abitibi, en 1925.

À Saint-Octave de l'Avenir, en Gaspésie, vers 1940.

Instants de répit après une excursion de pêche au chalet de la famille Foster Bennett au lac Serpent, dans l'Outaouais.

Visite de l'abbé François-Xavier Jean à une famille à peine installée dans la région de Rouyn, vers 1935.

Les sucres, région de Québec, vers 1950.

Famille Dominique Fluet et Yvette Dostie, et leurs filles, Jacqueline et Évelyne, en Beauce, vers 1950.

Robert Gendron, Simone Ouellet et leurs enfants, Thérèse, Guy sur les genoux de sa mère, et Denise, devant leur maison de Saint-André de Kamouraska, en 1948.

CI-DESSUS À GAUCHE

André Rousseau et Simone Ouellet, au milieu de leur famille reconstituée formée d'une veuve et de ses quatre enfants, et d'un veuf, père de sept enfants. (Saint-Jean-Port-Joli, en 1958)

CI-DESSUS À DROITE

À Val-d'Or, accueil de familles ayant dû fuir la Hongrie, au lendemain de l'insurrection de Budapest, au mois de novembre 1956.

CI-CONTRE

Famille originaire de Hollande en transit à Québec, en 1951.

Familles nombreuses

CI-DESSUS À GAUCHE

Famille de la Beauce, anonyme, vers 1910.

CI-DESSUS À DROITE

Famille Bizier, Saint-Éphrem de Beauce, vers 1920.

CI-CONTRE

Rassemblement de la famille Cliche, devant la maison ancestrale, rang des Érables, à Saint-Joseph de Beauce, vers 1950.

CI-DESSUS

En rang d'oignon, dans la région de Saint-Alexandre de Kamouraska.

CI-CONTRE

Mariés en 1912, Adjutor de Montigny et Éva Tailleur posent avec leur progéniture devant leur maison de Saint-Pierre de l'Île d'Orléans, vers 1930.

PAGE PRÉCÉDENTE

Famille de huit enfants, dans la région du Bas-Saint-Laurent, vers 1910.

CI-DESSUS

Famille Adélard Bouchard, de Dolbeau, au Saguenay-Lac-Saint-Jean, vers 1950.

CI-CONTRE

En 1950, le cardinal Paul-Émile Léger, archevêque de Montréal, instaure le «chapelet en famille» et donne un slogan à sa campagne en faveur de pratiques pieuses: «Une famille qui prie est une famille unie». Ici, récitation du chapelet lors d'une visite des fermières de Boucherville à l'archevêché, en 1952.

50ᵉ anniversaire de mariage de Louis Fluet et Évelyne Nadeau, à Saint-Éphrem de Beauce, en 1956.

Rites de passage

Thaïs Lacoste et des amies au cœur d'un cimetière, au mois de mai 1904.

Dépouillement d'arbre de Noël à l'Hôtel-Dieu d'Amos, en 1950.

AU CONTRAIRE DE L'HOMME dont les traits ravinés sont admirés, ceux de la femme n'ont été magnifiés ni par le roman ni par le cinéma ou la télévision. La voilà vieillie. C'est survenu lentement. De décennie en décennie, elle a cessé d'être objet d'amour et de désir. Ses épaules se voûtent lentement, ses cheveux blanchissent et, de deuil en deuil, elle se retrouve seule. Elle a eu de belles années. Vous l'avez vue, skiant et pêchant. Elle a contribué à la société à la hauteur du possible et du simple bon sens. Elle a travaillé et construit. Vous l'avez vue, créant des hôpitaux ou reprisant pour les démunis. Si elle n'a pas mis d'enfants au monde, il se peut qu'elle ait instruit, soigné ou tout simplement prié pour ceux des autres. Elle n'a jamais compté son temps mais son labeur a permis à la société d'avancer vers un monde moins usant, moins exigeant. C'est du moins ce qu'elle pense. La voilà vieillie. Invisible. Ombre frêle, elle avance avec cent précautions dans le monde qu'elle a construit, qui ne la reconnaît plus, qui l'a oubliée avant même qu'elle ne meure. Elle a donné, transmis son savoir et enrichi le nôtre. Sa vie a été un long et fructueux rite de passage.

« Unité, amitié et charité ». Cercle catholique fondé à la fin du XIXe siècle, le regroupement des Filles d'Isabelle adopte la plupart des objectifs des Chevaliers de Colomb, dont il est une émanation. L'un de ces buts est de se rendre utile dans la société. Ici, les membres du cercle d'Amos, en Abitibi, lors de leur quinzième anniversaire de fondation, en 1957.

Réunion des membres du Ladies Aud, à Sherbrooke, vers 1950.

Le dévouement

La contribution de la femme à l'édification de la société n'a jamais été chiffrée pour la bonne et simple raison que les activités auxquelles elle a spontanément participé n'avaient aucune valeur tangible. Ainsi, quelqu'un sait-il combien vaut une vie de dévouement ? Quelqu'un peut-il dire combien facturer pour une année passée à distribuer un peu de chaleur humaine dans une maison de retraite ? Combien devrait-on payer une grande sœur qui consacre les week-ends d'une existence à épauler des adolescents ?

Plus souvent qu'autrement, le bénévolat se conjugue au féminin. Il n'a donc ni prix ni valeur. Le dévouement, le don de soi étant, croit-on encore, dans la nature de la femme, il était normal qu'on leur demande d'user de ces dons pour que fleurissent les œuvres sociales. Aux femmes la tâche d'organiser les tombolas, encans, ventes de charité et de tenir boutique dans les hôpitaux pour que ceux-ci soient dotés d'équipements de pointe. Si l'institution du bénévolat est d'origine britannique, le geste gratuit n'a pas d'origine connue, mais il est partout. Il a laissé des traces inestimables, tant dans la création de crèches, d'hôpitaux ou de maisons de retraite, que dans l'organisation de secours ponctuels ou de campagnes de financement et autres.

Au début du XXe siècle, les structures sociales reposent en grande partie sur l'implication des femmes bénévoles et les œuvres qu'elles soutiennent. En 1902, les Dames patronnesses de Maniwaki, réunies pour cette photo, recueillent les fonds nécessaires à la création d'un hôpital général qui sera consacré à saint Joseph. Leur initiative épaule l'œuvre des Sœurs de la Charité d'Ottawa. Cette communauté a été fondée en 1845 par Élisabeth Bruyère, une Sœur Grise originaire de l'Assomption, au Québec. L'objectif de cette mission outaouaise consistait à suivre les Canadiens français partout où ils créaient des paroisses afin de leur procurer divers soins que l'État ne prodiguait pas encore. Après la disparition d'Élisabeth Bruyère, la communauté continue d'avancer dans le sillage des défricheurs et, soutenue par des bénévoles, elle fonde des écoles, des pensionnats, des orphelinats, des foyers pour vieillards et des hôpitaux.

CI-CONTRE

Réunion de Filles d'Isabelle pour une séance de reprisage de vêtements avant leur distribution.

CI-DESSOUS

Emballage de paniers de Noël devant être distribués parmi les familles dans le besoin dans la région de Val-d'Or, en Abitibi, en 1960.

Bénévoles de la bibliothèque McLennan, du campus du collège Macdonald, en 1952.

Le 15 décembre 1984, un an après avoir quitté le monde syndical où elle œuvrait depuis le début des années 1940, Madeleine Parent, toujours solidaire des démunis, participe à une quête pour leur venir en aide.

Le bel âge

La voici vieille, entrant lentement dans cette période de la vie qu'on surnomme le bel âge. Un temps de pause, de retraite propice à l'épanouissement personnel ainsi qu'à l'inquiétude qui s'installe au gré des soubresauts de la vie qui s'en va. L'âge où elle devrait être récompensée pour le travail accompli et pour l'amour répandu est celui de la solitude et des renoncements. Les plus anciennes photos du siècle dernier illustrent un monde presque idéal où les jeunes partagent le quotidien des aînés. À les voir, on croirait que, ainsi entourées, les personnes âgées ne craignaient rien, mais, en réalité, quand les enfants étaient partis ou que des conflits régnaient entre eux, nombre de vieux se retrouvaient seuls, pauvres et sans soutien. Quand la maladie s'en mêlait, c'était la tragédie. Les hospices avaient beau fleurir, y entrer exigeait un minimum d'argent. La société a mis beaucoup de temps avant de se porter au secours de ceux qui, dans la phase active de leur existence, s'étaient dépensés pour l'édifier. Le premier régime de pension de vieillesse est mis sur pied en 1927, par le gouvernement de William Lyon Mackenzie King. Tous les sujets britanniques résidant au Canada, âgés de 70 ans et plus, dont le revenu annuel était inférieur à 365 $, reçurent par la suite un chèque de 20 $ par mois. Le geste du gouvernement fédéral pouvait sembler généreux, mais l'espérance de vie moyenne des bénéficiaires était alors de 68,9 ans... En 1952, quand la Loi sur la sécurité de la vieillesse est votée, l'âge des bénéficiaires est le même, mais leur espérance de vie est passée à près de 71 ans. Les premiers organismes de citoyens âgés désireux de définir eux-mêmes leurs besoins ont vu le jour après 1960.

C'est Marie-Ange Bouchard, une travailleuse sociale qui, ayant réuni un groupe de retraités de Saint-Jean (Richelieu), jette les bases de ce qui est devenu la Fédération de l'âge d'or du Québec ou FADOQ.

CI-CONTRE

Jeunes et vieux ensemble pour un pique-nique au cap Tourmente, en 1897.

PAGE PRÉCÉDENTE

Portrait de famille, rue du Domaine, à Rivière-du-Loup, vers 1920.

En toutes circonstances, l'aïeule a préséance. Famille Speids, Lennoxville, vers 1910.

CI-DESSUS

Anonymes. Quatre générations de femmes, les plus âgées dans leur costume d'un autre siècle, photographiées dans la région d'Amos, en Abitibi, vers 1935.

CI-CONTRE

Henriette Lauzier ouvre la marche, suivie par sa fille Alexandra, au mois de mai 1915, dans un village du Bas-Saint-Laurent.

CI-DESSUS

Sur le sable, à Notre-Dame-du-Portage, vers 1920.

CI-CONTRE

La famille Bernier, devant le moulin Bernier, moulin à farine et usine de sciage, situé sur les bords de la rivière aux Bleuets, à Courcelles, en Beauce, en 1916.

PAGE SUIVANTE

La famille de Denancy Bertrand devant le magasin attenant au moulin Stackhouse, à Sainte-Justine de Newton, dans Vaudreuil-Soulanges, en 1916.

CI-DESSUS

Dans l'Outaouais, vers 1930.

PAGE PRÉCÉDENTE

Les aïeules ont pour rôle de transmettre les savoirs et les principes qu'elles détiennent. Vivre à la campagne recouvre une multitude de tâches essentielles à l'autosuffisance des familles. En 1926, année où cette photo a été prise, l'abbé Jean-Marie Bilodeau publie *Pour rester au pays*. On peut y lire, au chapitre de l'économie, que « la bonne fermière ne devrait jamais vêtir ses enfants avec du " linge de la ville ", qu'elle les vête de toile ou de flanelle, même pour aller à l'école. Ceci ne veut pas dire que les enfants soient mal mis, habillés sans goût. Il est fort possible que les enfants soient mis élégamment même avec des habits d'étoffe du pays. » Ici, deux femmes d'Héberville, au Lac-Saint-Jean.

La machine à coudre Singer inspire l'aïeule et sa petite fille. (Gaspésie, 1953)

Madame Brosseau et ses petits-enfants, dans le quartier Hochelaga à Montréal, en 1953.

Montréal, quartier Saint-Henri, en 1952.

PAGE SUIVANTE

Foyer pour personnes âgées à Maria, en Gaspésie, le 12 septembre 1962. Dans ces milieux, les vieux ne côtoient presque plus d'enfants et de personnes plus jeunes qu'eux.

Ensemble et pourtant isolés.
Monsieur Charbonneau, aveugle,
et sa cousine Rose, à Montréal,
en 1985.

Boulevard Saint-Laurent, à Montréal.

« Je ne t'attendais plus… »

Vieillir aux environs de Manouane, en Haute-Mauricie, vers 1950.

Ethel Nellson et l'oiseau Peter, vers 1975.

Marie-Alice Dumont, l'une des premières femmes à avoir gagné sa vie comme photographe, a animé un studio à Saint-Alexandre de Kamouraska de 1925 jusqu'au début des années 1960. Celle qui a consacré une partie de son existence à photographier les gens et les paysages du Bas-Saint-Laurent est décédée en 1985.

Entr'elles

Au début du siècle, on répétait aux femmes un mantra déjà populaire au Moyen Âge, à savoir que les créatures, les filles d'Ève, étaient sournoises et menteuses. Incapables d'amitié, toujours prêtes à trahir. Tant de femmes y crurent. Elles côtoyèrent avec la plus grande défiance leurs compagnes de classes, leurs voisines et toutes celles qu'on formait à penser comme elles. On les avait dissuadées de créer des liens, de se confier les unes aux autres. Si elles n'avaient pas été ainsi dressées à redouter leurs congénères, elles n'auraient pas, comme elles l'ont fait parfois, lutté contre leur propre cause et nié les droits que d'autres revendiquaient en leur nom. Elles auraient pu, bien avant l'heure, communiquer les unes avec les autres et construire sur l'amitié, la complicité et la confiance, le réseau dont elles avaient tellement envie.

Concert hivernal. Marie Lemieux à l'accordéon et Émilia Roy au violon, aux environs de Lévis, en 1916.

Madame Hitchcock, sa mère et ses invitées jouent les fermières, à Compton, dans les Cantons de l'Est, vers 1900.

Petites et grandes ouvrières de la biscuiterie Viau, à Montréal, en 1910.

Pêche à la truite dans la Côte du Sud, vers 1915.

Loisirs, près de Notre-Dame-du-Lac, dans le Témiscouata, en 1920.

Promenade en voiture à Hudson,
dans Vaudreuil-Soulanges, vers 1925.

CI-DESSUS

Sur le trottoir de bois, au cœur de Normandin,
au Saguenay-Lac-Saint-Jean, vers 1940.

CI-CONTRE

Immigrantes finlandaises, à Montréal,
en 1929.

Les inséparables Marie-Louise et Marie-Anne Nadeau, en visite dans leur famille new-yorkaise, en 1930.

Visite au cimetière pour deux jeunes filles de Saint-Alexandre de Kamouraska, dans la région du Bas-Saint-Laurent, en 1936.

CI-CONTRE

Femmes aux fleurs près de Rivière-du-Loup, dans le Bas-Saint-Laurent, vers 1935.

CI-DESSOUS

Le 31 juillet 1937, trois grâces, membres de la famille Lacoste, se prélassent sur le pont d'un navire.

Juillet 1945. En route pour une partie de pêche à Armargh, dans Bellechasse, pour les sœurs Alma, Madeleine, Marcelle, Rachèle et Marie-Paule Roy et leur amie Léonne Duchesneau.

Baignade dans l'eau du fleuve, près de Rivière-du-Loup, dans le Bas-Saint-Laurent, en 1927.

Gertrude Maurice mène le quatuor fermé par sa sœur Germaine. (Abitibi, 1939)

CI-CONTRE

Jeunes Japonaises et leur entraîneur de baseball du YMCA, à Montréal, en 1950.

CI-DESSOUS

Avant la générale ; Québec, vers 1940.

PAGE PRÉCÉDENTE

Retour de pêche à la truite, dans les Laurentides, vers 1940.

CI-DESSUS

Colette Hébert-Boillat, à gauche,
en concert à Dolbeau, vers 1955.

CI-CONTRE

Arrêt au célèbre Café Joyal,
près de La Malbaie, dans Charlevoix,
en 1955.

CI-DESSUS

En 1960, ce sont des femmes qui rapportent à Val-d'Or le premier trophée de chasse de la saison. L'orignal de sept ans a été terrassé par mesdames... Rosaire Labrecque, Wilfrid Bertrand, Réal Côté, Philippe Bisson et Clermont Roy. Derrière les chasseuses, Réal Côté, qui leur a servi de guide.

CI-CONTRE

Alice Dumais, Angélie Hébert, Laurette Tremblay, Mickey Hopkins, Claire Perron, Lucette Gagnon, Madeleine Hopkins, Daisy Shepherd, Raymonde Tremblay et Olive Tessier, championnes de curling, à Dolbeau au Saguenay–Lac-Saint-Jean, en 1959.

Détendues et libres. Hôtesses de l'Exposition universelle de 1967, toutes jambes déployées.

CI-DESSUS

Les filles du célèbre baryton français Jean Riddez, établi à Montréal en 1920, se prénommaient Mia, Juanita, Sonia, Thais, Nadia, Rita et Lydgie. Deux d'entre elles sont devenues célèbres : Mia (troisième à partir de la droite) qui s'est fait connaître comme auteur pour la télévision, et Sita (à l'extrême gauche) qui s'est fait connaître comme comédienne et professeur de théâtre.

CI-CONTRE

Sur un balcon de la rue Henri-Julien, à Montréal, les fondatrices des Éditions de la Pleine Lune, créées pour donner une voix aux femmes. De gauche à droite, Reuwena Ross, Ginette Nault, Marie Savard, Daphnée Savides et Louise Petitclerc, en 1975.

Gertrude Macaulay et une amie dans les jardins de la Mount Victoria Farm, sur les rives du lac des Deux-Montagnes, à Hudson, dans Vaudreuil-Soulanges, en 1910.

L'égérie

Peu de personnes connaissent Vérona, l'aimée, celle que le sculpteur Émile Brunet rencontra en France et qu'il ramena au Québec avec leur fils. Vérona, figure même de la sérénité, est présente là où le talent de son mari a été sollicité. Le sculpteur amoureux donna à son égérie les traits de Notre-Dame de Grâce. Ceux de la Vierge sur le monument érigé par la ville de Joliette en hommage aux soldats morts pendant la Deuxième Grande Guerre. Il lui donna ceux de Marie ainsi que des angelots de la basilique Sainte-Anne de Beaupré. En bronze ou en marbre poli, les traits lumineux de Vérona éclairent les dizaines de monuments funèbres où, ailes déployées, elle incarne l'éternité. Ici, Vérona Brunet veille sur le monument Fred A. Lallemand, au cimetière Notre-Dame des Neiges, à Montréal.

Crédits photographiques

Archives institutionnelles

Archives Congrégation de Notre-Dame de Montréal : 146, 148 h.

Archives de l'Université Bishop's (Lennoxville, Québec) : Fonds Janet Speid Motyer : 300 (MG021).

Archives de la Côte-du-Sud et du Collège de Sainte-Anne : 20, 161 h, 162 b, 163 c, 163 g, 170 b, 170 h, 189, 191, 199 d, 234, 235 b, 235 h, 236, 271, 301, 314 ; Fonds Maurice Proulx : 19 h, 21 b, 21 h, 56, 58, 65 bd, 69, 75 h, 77 b, 77 h, 142, 150, 152 b, 153, 164 b, 268, 278 h, 280 hg, 281 b, 281 hg.

Archives de la Fédération des Travailleurs du Québec (FTQ) : 177 h.

Archives de la Ville de Montréal : 55 b, 90, 91 b, 91 h, 93, 114 b, 138 d, 172, 181 h, 188 hg, 191, 192, 193 b, 262 g, 270 d, 280 b, 287 b, 324.

Archives des Sœurs Grises de Montréal : 123 (Hospice Saint-Joseph, Salle d'Asile, 12 décembre 1890 ; L10/1Y1G).

Archives des Ursulines de Trois-Rivières : 72 h, 115, 120, 122, 206, 211.

Archives du Musée acadien du Québec à Bonaventure : 49, 110, 111, 272.

Archives Échos Vedettes : 32, 34, 37, 156, 213, 214, 215, 230, 231, 233, 325 h.

Archives historiques du CHU Sainte-Justine : 99, 100 b, 101, 102 b, 102 h, 103, 104, 105 b, 105 h.

Archives Le Chaînon : 232 db, 232 dh, 232 g.

Atelier d'histoire d'Hochelaga-Maisonneuve : 26, 28, 54 b, 61, 68 d, 76 g, 89, 117, 121 bd, 124 bd, 129 h, 139, 164 b, 179, 180 bd, 180 bg, 180 hd, 180 hg, 184, 267 g, 274 b, 274 h, 306 d, 313 bd.

Bibliothèque et Archives Canada : 14 (William James Topley ; PA-010151), 30 d (PA-160561), 145 (c022763), 168 (Studio Topley ; PA-126101), 186 g (e000760513), 186-187 c (e000760790), 216 (e000760788), 256 b (John Daggett / Southam Inc. / *The Gazette* (Montreal) ; PA-164027), 270 g (C-46355), 272 (PA-170620), 316 d (PA-127086).

Bibliothèque et Archives nationales du Québec, 2002-2006 : 12, 223, 263 hg, 294 (© Gracieuseté du quotidien *LeDroit*), 325 b.

Bibliothèque et Archives nationales du Québec • Centre d'archives de Chicoutimi : 54 h (P90,P36543).

Bibliothèque et Archives nationales du Québec • Centre d'archives de l'Outaouais : 62 (P1,S9,D1,P02), 65 bg (P1,S9,D1,P24), 70 (P28,D277,P38), 71 (P28,D110,P01), 73 g (P28,D121,P01), 73 d (P28,D121,P05), 74 b (P28,D74,P01), 114 h (P1, S9, D1, P01), 252 (P114,S1,D4, P01), 275 h (P28,D111,P01), 279 b (P83,D137), 281 hd (P5,S4,D033), 305 (P28,D8,P02).

Bibliothèque et Archives nationales du Québec • Centre d'archives de Montréal : Collection Félix Barrière : 277 b ; Fonds Antoine Désilets : 258 (P697507), 310 g (P697520) ; Fonds Camillien Houde : 177 b (P66,S9,P16) ; Fonds Conrad Poirier : 9, 24 (P48,S1,P08931), 74 h (P48,S1,P1477), 75 bg (P48,S1,P04772), 75 bd (P48,S1,P04777), 94 (P48,S1,P05616), 96 (P48,S1,P08724), 125 (P48,S1,P05331), 126 (P48,S1,P04765), 129 b (P48,S1,P23369), 134 (P48,S1,P04768), 135 (P48, S1, P05518), 136 (P48,S1,P04672), 136 (P48,S1,P04709), 154 hg (P48,S1,P05287), 183 (P48,S1,P10469), 195 (P48,S1,P10537), 229 (P48,S1,P09709), 241 b (P48,S1,P3727), 241 h (P48,S1,P3732), 263 h (P48,S1,P05285), 334 (P48,S1,P05510) ; Fonds Jeunesse ouvrière catholique : 22 d (P104/9/29), 204-205 (P65,S999,P26) ; Fonds Sam Tana : 227 (P27,S1,P18).

- Pour les pages comportant plus d'une photo, nous utilisons les lettres suivantes : h (haut), b (bas), g (gauche), d (droite) et c (centre).
- Tous les efforts ont été faits pour rechercher les sources et/ou ayants droit des illustrations contenues dans ce livre. Toutefois, l'éditeur tient à s'excuser pour toute erreur ou omission qui aurait pu se glisser dans les crédits, qu'il s'efforcera de rectifier lors des futures éditions.

Bibliothèque et Archives nationales du Québec • Centre d'archives de Québec : 248 hd (P547,S1,SS1,SSS1,D366,P152R) ; Fonds Donat-C. Noiseux : 109 (1942, E6,S7,SS1,P9165) ; Fonds François Lessard : 64 g (E10,S44,SS1,D73-318) ; Fonds George A. Driscoll : 244 (P630,D37351,P2) ; Fonds Jean-Louis Frund : 243 (P724,S12,D20,P138), 261 h (P724,S10,D4-4,P22A) ; Fonds Jules-Ernest Livernois : 247 h (P560,S1,P178) ; Fonds Omer Beaudoin : 16 (E6,S7,P3621-57), 78 h (E6,S7,P1033-54), 78 b (E6,S7,P3250-59), 158 hg (E6,S7,P98319-54), 220 (E6,S7,SS1,P60444), 237 (E6,S7,P3356-59), 263 (E6,S7,P1348-54), 264 hd (E6,S7,3513-57), 265 (E6,S7,3987-57), 266 (E6,S7,P97173-53) ; Fonds Philippe Gingras : 228 (P1000,S4,D2671), 299 (P585,D1,P13).

Centrale de l'enseignement du Québec, CSQ : 165 h.

Centre d'archives de la Gaspésie • Musée de la Gaspésie : Collection des Augustines de la Miséricorde de Jésus du monastère de Gaspé (Albert Cassidy, 1951 ; P46) : 140 (P46/1b/3/55), 151 h (P46/1b/3/57) ; Collection Marcel Lamoureux (P77) : 158 b (83.16.150.292), 159 h (83.16.150.47) ; Fonds Charles-Eugène Bernard (P67) : 175 h (P67/B/2a/5/13) ; 188 bd (P67/B/2a/4/50), 306 h (P67/B/2a/5/8), 307 (P67/B/2a/5/21) ; Fonds Cornélius Brotherton (P141) / Dossier Rivière-au-Renard : 159 b (pièce 6), 161 b (pièce 7) ; Fonds Pêcheurs-Unis du Québec (Albert Cassidy, 1962 ; P52) : 188 bg (00.45.54) ; Fonds YMCA de Montréal (P145) / Université Concordia, Service des archives : 124 h.

Centre d'interprétation de la Côte-de-Beaupré : 42 g.

Centre d'interprétation du moulin Bernier : 119 hd, 302.

Centre de Généalogie, des Archives et des Biens Culturels de Château-Richer : 112.

Centre de recherche des Cantons de l'Est : 249 bd, 294 b, 313 bg.

Cinémathèque québécoise : 171 (photo : Roméo Gariépy).

Collection des Hospitalières de Saint-Joseph de l'Hôtel-Dieu de Montréal : 151 b.

Collection Écomusée du fier monde : 176 h.

Comité du patrimoine de l'École du Rang II d'Authier : 164 c.

Hudson Historical Society : 316 hg, 326.

Journal *La Presse* : 95 h (photo : Paul Henri Talbot), 255 (photo : Armand Trottier), 256 h (photo : Réal St-Jean), 257 b (photo : Jean Goupil), 257 h, 288, 297 (photo : Robert Mailloux).

Maison Dupuis (Société historique Nouvelle-Beauce) : 190.

McGill University Archives : 138 g, 199 g, 203 b ; History and Archives Committee of the JCCCM Collection : 321 h.

Musée Armand-Frappier : 95 b, 133, 261 b, 310 d.

Musée de la civilisation • Collection du Séminaire de Québec : Fonds Thaïs Lacoste-Frémont : 10, 336 (Les sœurs Lacoste, *ca* 1887 ; Ph2000-13923), 47 g (Justine, Jeanne et Yvonne Lacoste ; Ph2000-13908), 98 (Justine Lacoste ; Ph2000-13619), 239 d (Thaïs Lacoste, *ca* 1901 ; Ph2000-13635), 276 h (Familles Lacoste et Gérin-Lajoie au lac l'Achigan, avant 1919 ; Ph2000-14018), 290 (Au cimetière, mai 1904 ; Ph2000-13605), 318 b (Les trois grâces se prélassent…,1937 ; Ph2000-13587).

Musée des Deux Rives (Salaberry-de-Valleyfield) : 178 h et b.

Musée des sciences et de la technologie du Canada : Collection CN : 8, 16, 17, 27, 29 bd, 97, 108, 132, 160, 160 b, 162 h, 185, 186 hd, 186-187, 187 b, 222, 245, 246, 262 d, 282, 284 b, 296, 304, 320.

Musée des Ursulines (Trois-Rivières) : 53, 106, 116, 119 hg, 200 h.

Musée du Bas-Saint-Laurent (Rivière-du-Loup [www.mbsl.qc.ca]) : Fonds Aline Cloutier : 18 g (Une femme ayant les pieds dans l'eau ; NAC c476), 19 b (Une femme couchée sur la grève au bord du fleuve ; NAC c523), 67 g (Aline Cloutier portant un bébé à l'extérieur d'une maison ; NAC c379), 221 (Une femme et un homme fumant dans le bois ; NAC c664), 249 bg (Une excursion en canots. De gauche à droite, Fred Dumais et sa femme [de Van Buren, Maine], Suzanne Cloutier, M. Dumais, Richard Cloutier et Marie Cyr. Mme Dumais est la sœur de Marie et de Philomène Cyr, propriétaires de Macy's à New York ; NAC c006), 315 (De gauche à droite, Georgette Cloutier, Germaine Cloutier, Muriel Cloutier, Philomène Cyr et Suzanne Cloutier au lac Témiscouata ; NAC c028), 315 hd (Deux femmes en camping sur le bord d'un cours d'eau ; NAC c592), 315 hd (Deux femmes tenant un animal mort ; NAC c589) ; Fonds Chamberland-Breton : 133 h (Un groupes de femmes lors d'un pique-nique. Lina d'Anjou, Liliane Chénard, Marie-Paule St-Pierre, Lucienne Chamberland, Gabrielle St-Pierre et Jeanne St-Pierre ; NAC cb520), 318 h (Quatre femmes dans un champ de marguerites en 1925 ; NAC cb458), 319 bg (Un groupe de femmes et d'enfants dans l'eau, Rivière-du-Loup ; NAC cb556) ; Fonds J-Adélard Boucher : 15 (Une femme photographiée sur le trottoir [drapeau papal à gauche de la photo], rue Lafontaine, Rivière-du-Loup ; NAC jab0095), 130 (Patinoire extérieure située près de la ruelle Devost dont on aperçoit l'alignement de maison, Rivière du Loup ; NAC jab0123), 182 b (Parade d'un régiment féminin ; NAC jab1168), 302 h (Trois femmes et un homme sur la grève, Notre-Dame-du-Portage ; NAC jab0030) ;

Fonds Jean-Baptiste Dupuis : 57, 66 (Femme tenant dans ses bras un jeune enfant), 72 b (Marie-Anna et Jeanne Dupuis jouant à prendre le thé, Rivière-du-Loup ; NAC jbd338), 250 (Deux femmes debout et un homme assis sur un rocher dans une gorge de rivière ; NAC jbd285), 286 (Homme, femme et leurs huit enfants photographiés dehors sur le côté d'une maison de briques ; NAC jbd366), 298 (Femmes, hommes et enfants assis sur les marches de l'escalier de la galerie, rue Du Domaine, Rivière-du-Loup ; NAC jbd306) ; Fonds Marie-Alice Dumont : 48 (M. Émile Boucher [jeune fille en habit de communion] ; NAC d7463), 80 d (Une petite fille et son chien tirant un traîneau ; NAC d7026), 84 (Une infirmière au chevet d'une patiente ; NAC d2256b), 87 (Portrait d'une enfant malade une femme à son chevet, NAC d6918), 131 (Un homme habillé en femme tirant un âne sur lequel on retrouve une publicité de tabac ; NAC d0349), 163 d (Mme Ulderic Dumont [mère de Marie-Alice Dumont] en train de tresser un chapeau de paille ; NAC d1550), 193 hd (Une religieuse surveille deux élèves à la machine à écrire ; NAC d8187), 209 h (Cinq élèves et leur professeur dans la cuisine ; NAC d8193), 212 (Portrait d'une femme préparant un gâteau ; NAC d1352), 287 h (Un groupe de neuf enfants à l'extérieur ; NAC d1472), 312 (Portrait d'une femme photographiée à l'extérieur ; NAC d7104), 317 d (Deux jeunes femmes dans un cimetière ; NAC d1509) ; Fonds Paul Parrot : 269 h (Une femme et ses quatre enfants ; NAC pa1267) ; Fonds Paul-Émile Martin : 40 (Madeleine et Françoise Bérubé en anges [souvenir de la grande procession de 1926] ; NAC m11062), 76 d (Paul-Édouard à 5 ans et sa cousine Fernande Thivierge ; NAC m02105), 182 h (Deux femmes [Isabelle Chassé-Martin et Lucienne Lord] volontaires dans l'armée canadienne ; NAC m12107), 251 (Paul-Édouard Martin et sa femme Berthe Bolduc en ski au printemps ; NAC m12321), 278 (De gauche à droite : Henri Pinet, Isabelle Chassé-Martin, Mme Henri Pinet, Jeanne Demers, Wilfrid Laforest et Marie-Louise Lebel son épouse. Au premier plan, les enfants Pinet ; NAC m09102) ; Fonds Stanislas Belle : 39, 50, 51 (Groupe des élèves du couvent du Bon-Pasteur [première communion], Rivière-du-Loup ; NAC b02651) ; Fonds Ulric Lavoie : 38 (enfant de D^r et Mme Paradis) ; NAC l12233b), 59 (Mme Lavoie et ses enfants Rivière-du-Loup ; NAC l21247).

Musée McCord d'histoire canadienne : Archives photographiques Notman : 218 (Repassage à l'épicerie du coin, région de Gaspé, Québec, 1952 ; photo : Anne Kew ; M-2002.77.5007), 322 b (Café Joyal, Light Lunch, près de la Baie Murray, Québec, ca 1955 ; photo : Anne Kew ; M-2002.77.5006).

Musée régional de la Côte-Nord (Sept-Îles) : Fonds Pauline Laurin : 60 (Visite au camp d'hiver de Mingan, hiver 1953 ; 1994.57), 144 (Arrivée des religieuses de Sainte-Famille de Bordeaux à Lourdes-de-Blanc-Sablon, décembre 1949 ; 1994.131), 154 bd (Le cométique, 1955 ; 1994.239), 260 (La jeune Pelage Mark et son nouveau-né, 1955 ; 1994.212).

Musée régional de Vaudreuil-Soulanges : 303 (Moulin Stackhouse, Sainte-Justine-de-Newton, 1916 ; don de Mme Marie-Blanche Maloney d'Ottawa ; NAC G78.3).

Société d'histoire d'Amos : 141, 152 h, 153 h, 275 b ; Fonds Alban Caouette : 79 ; Fonds Bernard Cossette : 174 b, 301 g ; Fonds Studio Morasse / H. Dudemaine : 254 h, 292, 295 hd, 295 hg.

Société d'histoire et de généalogie de Val-d'Or : 64 d, 143, 154 hd, 157, 280 hg ; Fonds Adrien McCrea : 52, 284 hd ; Fonds Armand Beaudoin : 29, 33, 147, 165 b, 295 b, 323 h ; Fonds C. A. Massicotte : 219 ; Fonds Denise d'Aragon : 175 ; Fonds Donald Sigouin : 277 hg ; Fonds Gilbert Tardif : 193 h ; Fonds Patricia French : 130.

Société d'histoire et de généalogie Maria-Chapdelaine (Dolbeau-Mistassini) : 18 d, 92, 119 bg, 164 h, 254 b, 264 hg, 269 hg, 288 h, 316 bg, 322 h, 323 b.

Société du patrimoine des Beaucerons : 11, 44 g, 169, 247, 248 b, 248 hg, 276 b, 277 hd, 285 hg, 285.

Société historique de Saint-Henri : Fonds Adrien Dubuc : 194, 240 bg, 306 b.

Société Radio-Canada : 155.

Université Concordia, Service des archives : Fonds Tina Brereton : 25 (P074) ; Fonds YMCA de Montréal : 29 bg, 82-83, 124, 137 b, 210 b, 269 b (P145).

Université de Montréal, Division des archives : Collection Louis-François-George Baby (P0058) : 42 d (Yvonne Bossé âgée de 2 ans et demi, mars 1877 ; 1FP06658) ; Fonds Association générale de l'Université de Montréal (P0033) : 202 g (Grève des étudiants, Comptoir des volontaires, 1958 ; GP0033060002) ; Fonds Bureau de l'information (D0037) : 201 (Laboratoire de l'Institut de microbiologie et d'hygiène, début des années 1940 ; 1FP03642), 202 d (Trois étudiants devant le Parlement de Québec ; De gauche à droite : Jean-Pierre Goyer, Francine Laurendeau, Bruno Meloche, 1958 ; 1FP03332) ; Fonds École ménagère provinciale (E0081) : 207 (Cours de cuisine, 1920 ; 1FP01433), 208 (Une école ménagère ; 1FP01485), 209 b (Cours de couture par G. A. Laferrière, Étudiantes au cours de couture ; 1FP01452), 210 (Cours de couture, 2e décade, confection de chapeaux ; 1FP01449) ; Fonds Marcel Cailloux (P0152) : 203 h (Dernier cours de l'Institut Botanique sur la rue Saint-Denis. De gauche à droite, première rangée : Clément Vincent, André Roy, Bernard Boivin, Cosette Marcoux, James Kucyniak ; deuxième rangée : Sébastien Baril, Le Ber, Marcelle Lepage, Marcel Raymond, Omer Baudoin ; troisième rangée : Raymond Goudrault, père Leblanc, frère Lucien, père Taché, Claudette Piché; debout: Cécile Lanouette [démonstratrice], Roger Gauthier [professeur], frère Marie-Victorin [professeur], Jules Brunel [professeur]; 1FP06467); Fonds Secrétariat général (D0035): 200 bg (AGEUM. Comité de l'Association, 1943; GD0035100006 p22), 200 bd (Laboratoire d'histologie, 1943; GD0035100006p31).

Université du Québec à Montréal, Service des archives et de gestion des documents: Fonds d'archives des Cercles des jeunes naturalistes: 127 (Photographie témoignant d'une campagne contre l'herbe à poux menée par les élèves du Jardin des Saints-Anges de Lachine, 1945; 16P-62001F3/23), 128 (Pavillon des jeunes naturalistes à Terre des Hommes, 1969; Photo: Roméo Meloche; 16P-62001F3/57).

Université Laval, Division des archives: Fonds Luc Lacourcière: 13 (P178/A1/2,5), 43 (P178/J8/1), 55 h (P178/C1/2,30), 63 d (P178/J8/1).

Archives familiales et privées

François Brault: 223, 239 g.

Fernand Cambronne: 227.

Benoît Chalifour: 107, 118, 119.

Collection Clio de 9 à 5: 22 g, 30 g, 41, 44 d, 45, 63 g, 65 h, 80 g, 81 bg, 81 hg, 113, 121 g, 223, 238 d, 240 hg, 267 d, 283 d, 283 g, 284 hg, 285 hd, 289, 317 g, 319 bd, 321b.

Reina Comte: 46, 225, 240 d, 259.

Martine Doré: 224, 242 b.

Réal Jolicoeur et Nicole Fauvelle: 253.

Lucille Lacasse-Lonchamps: 167.

Jacqueline Lachance: 100 h.

Thérèse Payette: 23, 47 d, 76 d.

Jeannine Sabourin Paquin: 61, 68 g.

Odette Théberge: 35, 36, 78 g, 166, 226, 242 h, 313 h, 319 h.

Photographes

Louise Abbott: Série «The Lower North Shore», 1982-1986: 33 h (Bridesgirls, Harrington Harbour, Qc., 1982), 81 d (Jackie Gallibois, Saint-Augustin, Qc., 1983).

Claire Beaugrand-Champagne: 175 bg (Série «Deux Vietnamiennes au Québec», 1980: Le dépanneur), 181 b (Série «Les droits des femmes», 1995: À la Manufacture Claudel), 308 (M. Charbonneau, aveugle, habite avec sa cousine Rose qui est sourde, Montréal), 311 (Série «Personnes âgées», 1973-1974: Mme Ethel Nelson et l'oiseau Peter).

Pierre Blache: 309 (Série «Living in the Mud», 1986: «Boulevard Saint-Laurent IV»).

François Brault: 148 b, 156 d, 158 hd, 175 hd, 198 b, 198 h, 327.

Alain Chagnon: Série «T.N.T., Travailleuses non-traditionnelles», 1981-1984: 196 (Denise Tardif, éboueuse, mai 1983), 197 b (Mireille Lord, responsable de l'expédition, SIAL, septembre 1983), 197 h (Suzanne Bairstow, conductrice, STCUM, 1983).

Clara Gutsche: 149 (Série «des couvents»: Les Sœurs Clarisses, Valleyfield, 1991; © SODART, 2007).

Gabor Szilasi: 173 (Série «Le Québec rural», 1970-1976: Mme Eugène Cloutier, Saint-Joseph de Beauce).

6	*Avant-propos*
8	Les femmes qu'on aime
38	C'est une fille
56	L'enfance
106	Les années d'apprentissage
140	J'me marie, j'me marie pas, j'fais une sœur
216	Pour le meilleur et pour le pire
290	Rites de passage
328	*Crédits photographiques*

Achevé d'imprimer sur les presses
de l'imprimerie Transcontinental
au mois d'octobre 2007
Québec (Canada)